河北省社会科学基金项目
中共河北省委党校（河北行政学院）资助出版

新时代提高党内法规制度执行力问题研究

梁瑞英 ⊙ 著

河北出版传媒集团
河北人民出版社
石家庄

图书在版编目（CIP）数据

新时代提高党内法规制度执行力问题研究 / 梁瑞英著. -- 石家庄：河北人民出版社，2022.4
ISBN 978-7-202-06006-3

Ⅰ．①新… Ⅱ．①梁… Ⅲ．①中国共产党－党的纪律－研究 Ⅳ．①D262.13

中国版本图书馆CIP数据核字(2021)第221605号

书　　名	新时代提高党内法规制度执行力问题研究
	XINSHIDAI TIGAO DANGNEI FAGUI ZHIDU ZHIXINGLI WENTI YANJIU
著　　者	梁瑞英
责任编辑	段　鲲
美术编辑	王　婧
责任校对	余尚敏
封面设计	文人雅士
出版发行	河北出版传媒集团　河北人民出版社
	（石家庄市友谊北大街330号）
印　　刷	廊坊市海涛印刷有限公司
开　　本	787毫米×1092毫米　1/16
印　　张	12.75
字　　数	183 000
版　　次	2023年4月第1版　2023年4月第1次印刷
书　　号	ISBN 978-7-202-06006-3
定　　价	45.00元

版权所有　翻印必究

前　言

2021年7月1日，中国共产党迎来百年华诞，举国欢庆，世人瞩目。自1921年成立以来，我们党披荆斩棘、栉风沐雨、砥砺前行，历经百年的发展，风华正茂。如今，随着一代又一代共产党人的接力奋斗，我们党和国家事业蓬勃发展，取得了举世瞩目的奋斗业绩，可谓彪炳千秋。尤其是党的十八大以来，随着新时代号角的吹响，以习近平同志为核心的党中央昂扬奋进、勤勉工作，引领中国前进的正确航向，团结带领全国各族人民勠力同心、撸起袖子加油干，推动着党和国家事业迎来了崭新的局面和全新的变革，取得的成就令世人刮目相看，新时代的航程由此开启，中华民族之巨轮乘风破浪、扬帆起航。

新时代不仅是个时间维度，也是一个全新的起点，中国共产党面临着全新的执政环境和执政考验，肩负着艰巨的历史使命和民族的期望，要不断适应外部环境的急遽变化，应对复杂的国内外形势，完成异常繁杂的改革发展任务，从而实现中华民族伟大复兴的中国梦，没有完善的制度保障是不可能取得胜利的，此时，制度建设就显得非常重要。同时，作为执政党，中国共产党要更好地治国理政，也必须不断加强制度建设，这是实现政党治理的重要条件，也是理解中国治理逻辑的一把钥匙。而要真正达到国家和社会治理的实效，关键就在于牵住提升党内法规执行力这个"牛鼻子"。这个"牛鼻子"牵好了，就能够顺利实现国家治理体系和治理能力现代化，党和国家事业就能够实现长足发展。党的十八大以来，习近平总书记结合实践，在多次重要讲话中强调提高党内法规执行力对于治国理政的重大意义和时代价值，这不仅是全面从严治党的内在逻辑，也彰显了我们党勇挑重担、不断提高执政能力的坚定信念。

治国必先治党，治党务必从严，从严必须依规。一个政党内部规章制度是否完备，是其发展成熟的重要标志。事实上，我们党对党内法规及其执行力重要性的认识是有个过程的。

革命战争年代，我们党就开始注重制度建设，但当时没有经验，很多制度设计都是摸着石头过河，在斗争实践中应时事之需而制定，缺乏统一的规制。那时制度虽然零散，但在血雨腥风的战争年代却发挥了巨大的效力。

中华人民共和国成立初期，我们对制度建设进行了积极的探索实践。但是任何事物的发展都不是一帆风顺的，社会主义建设如此，制度建设也是如此。尤其是"文化大革命"时期，党的制度遭受重创，给党和国家事业造成了不可估量的损失。"文化大革命"结束后，中国共产党更加深刻地认识到制度建设的重要性，将制度建设重新提到了前所未有的高度。我们党在反复比较党的建设正反两方面经验教训的基础上，充分认识到制度建设具有根本性、稳定性、全局性、长期性的特点。所以，当时我们党基于制度缺失的严峻现实，根据党建实践所需，相继制定和出台了一系列党的制度规范，初步形成了党的制度体系的雏形，从而为党的建设提供了坚强有力的支撑。因为如果没有科学、系统、完善、高效的党内法规做约束，就无法对党和国家进行有效治理。尤其是对于中国共产党这样一个历经百年沧桑、走过百年辉煌历程的世界上最大的马克思主义执政党来说，制度建设更显得重要而且必要。事实上，我们的制度建设成效显著，制定的制度不可谓不多，但是，如果有了完善的党内法规，却对其置之不理，将其束之高阁，没有很好地去执行的话，全面从严治党和对国家的有效治理也就成了空话。正如清代法学家沈家本在考察比较我国历代法律的基础时指出的那样："盖法善而不循法，法亦虚器而已。"

目前，我们党的制度条文非常多，也比较完善，但实事求是地说，并没有完全发挥出制度应有的效力，究其根源在于制度执行不够有力，致使制度的功能和预期无法得以最大程度彰显。实质上，制度的生命力在于执行。有了制度不执行，就如空中楼阁或是镜中花、水中月，看似壮观，却不能产生任何实际效果，无异于一纸空文。因此，要让党内法规的生命之树永葆青春之活力，就必须下定决心、下大力气提高党内法规执行力，从而真正发挥制度实效，这才是制度制定本身应有之义。

当前，我国已经步入了中国特色社会主义新时代。新时代要有新担当、新作为，同时也要有更加宽广的思维和视角。我们不能就党建论党建，而是应该跳出党建论党建，应当将提高党内法规执行力问题放到世界政党政治发展的时代背景中去把握，用"中国之治"回应"西方之乱"；放到对共产党执政规律、社会主义建设规律和执政党自身建设规律的认识中去权衡；放到保证党和国家执政安全的角度去考量；放到全面从严治党和依法治国的双重视域下去研究；放到国家治理体系和治理能力现代化中去审视，从而对党内法规进行整体建构，并把党内法规执行力纳入中国特色社会主义法治体系中进行整体推进。同时，最重要，也是最关键的一点，就是要坚定不移地坚持党的领导，因为党的全面领导是我们党最鲜明的特征和我们国家制度的最大优势，也是党内法规有效执行的根本保障。只有不断地坚持和加强党对党内法规建设的领导，才能始终如一地保证党内法规执行的正确方向，不至于发生偏差。当前，理论界不断加大对党内法规执行力相关理论和实践问题的深入研究，必将对提升治国理政水平、巩固党的执政基础、保障党和国家执政安全产生巨大而深远的影响。

总之，"徒法不足以自行"，关键在于落实。"有了好的制度如果不抓落实，只是写在纸上、贴在墙上、锁在抽屉里，制度就会成为稻草人、纸老虎。"[①]当前我们必须以"抓铁有痕、踏石留印"的决心与魄力，不断强化制度执行，提升党内法规执行力，使党内法规真正成为各级党组织和党员干部的刚性约束和自觉遵循，从而为全面从严治党和依法治国提供坚实保障。

---

① 习近平：《在听取兰考县和河南省党的群众路线教育实践活动情况汇报时的讲话》（2014年8月27日），《做焦裕禄式的县委书记》，中央文献出版社2015年版，第59页。

目　录

第一章　提高党内法规执行力的学理分析 ·············· 1
　　第一节　党内法规及其相关概念界定 ·············· 1
　　第二节　党内法规执行力系统的科学构建和理论基础 ·············· 18

第二章　中国共产党党内法规执行的历史探索与经验总结 ·············· 44
　　第一节　党内法规执行的历史考察 ·············· 44
　　第二节　党内法规执行的经验启示 ·············· 63

第三章　提高党内法规执行力的逻辑理路 ·············· 73
　　第一节　提高党内法规执行力的现实依据 ·············· 73
　　第二节　提高党内法规执行力的价值意蕴 ·············· 84

第四章　党内法规执行中遭遇的梗阻及其不良影响 ·············· 90
　　第一节　党内法规执行力弱化的表现 ·············· 91
　　第二节　党内法规执行力弱化的现实危害 ·············· 101

第五章　党内法规执行不力的原因剖析 ·············· 105
　　第一节　制度因素：党内法规自身的缺陷 ·············· 105
　　第二节　人的因素：执行主客体的观念素养等的影响 ·············· 108
　　第三节　环境因素：执行环境复杂多变 ·············· 114
　　第四节　资源因素：执行资源的缺乏 ·············· 117
　　第五节　监督因素：执行监督疲软 ·············· 118

第六章 从古今中外制度建设中汲取营养 120
第一节 中国优秀传统文化的现实滋养 120
第二节 国外政党制度执行经验镜鉴 133

第七章 提升党内法规执行力的战略思考和策略分析 152
第一节 提高党内法规执行力的战略思考 152
第二节 提升党内法规执行力的策略分析 157

第八章 结语与展望 188

附 录 190

后 记 195

第一章　提高党内法规执行力的学理分析

党内法规执行力问题非常复杂，不仅是一个理论问题，也是一个实践问题，可谓理论与实践问题相互交织。因此，要解决目前现实层面的党内法规执行不力问题，首先必须对党内法规及其执行力的相关概念、功能、理论基础和运行的内在机理进行详细的分析和理论审视，构建合理的分析框架，才能对党内法规的执行力问题作出有力阐释。

第一节　党内法规及其相关概念界定

一、党内法规及其相关概念

党内法规执行力问题，是党的制度建设的题中应有之义。制度建设的最终目的就是通过制度的执行，解决现实中存在的问题。换句话说，党内法规制定出来以后，必须通过执行，才能达到预期。因此，制度执行是核心和关键。笔者认为，要系统深入地理解和准确地把握党内法规执行力问题，必须对相关概念有个基本的认知。

（一）关于制度的概念

制度这一概念耳熟能详似乎很好理解，但其实制度的内涵非常丰富，也是一个容易引起歧义的概念。因此，有必要对制度的范畴进行框定。制度对在不同领域、行业、单位、部门、岗位等从事工作的人都有具体的要求，即"从事某项工作所必须遵循的做事原则和行为规范，制定这些做事原则和行为规范的目的是为了保障各项工作任务的顺利完成，从而有效达到预期目标"。①《现代汉语词典》对"制度"作出如下注解："为了保障任务和目标的顺利完成，要求行为个体一致遵守的办事规程或行为准则。"②即各种组织在运作过程中，为了保持井然有序所依据的原则、规范、程序等的总和。从本质上讲，制度是与人类社会实践活动相伴而生的，是保障社会发展的产物，是从人们的社会关系中产生出来的，是人类在长期的社会发展过程中，通过理性设计、科学规划、认真谋划来固化、规范社会关系，从而形成了基本的制度框架。正如马克思所言，"制度只不过是个人之间迄今所存在的交往的产物"，而且是必然产物，"在生产、交换和消费发展的一定阶段上，就会有相应的社会制度、相应的家庭、等级或阶级组织"。③制度一词源于人与人之间的社会交往，是在协调各种社会关系和规范各种社会行为的过程中产生的，为了维护一定的社会秩序，为人们的社会行为提供了一个共同遵守的活动规范和行为准则，从而保障人们的特定权利和利益。④这里的制度外延也是非常广的，包括法律制度、政治制度、经济制度、文化制度等，是从不同维度、不同领域和不同视角对社会各个方面进行规范的基本行为准则。

（二）关于党的制度的概念

关于党的制度的概念，学术界百家争鸣，可谓仁者见仁、智者见智。比如蔡长水教授把党的制度进行了明确的划分，包括根本制度和具体制度，而根本制度就是民主集中制，具体制度则包括党的领导制度、组织制度、工作制度、生活制度和监督制度等，是民主集中制的具体运用。陈登才教授则将党的制度界定为整个党的组成和运作所依据的原则、体制、程序等的总和。上述两种观点较具代表性，从外延上对党的制度进行了框定，对党的制度概念进行了权威阐释。

实际上，党的制度是伴随着中国共产党的成长壮大逐步建立起来的，是

---

① 黄建春、李少利、叶小芬：《管理学》，重庆大学出版社2017年版，第444页。
② 《现代汉语词典》，商务印书馆2007年版，第1758页。
③ 《马克思恩格斯选集》第4卷，人民出版社1972年版，第532页。
④ 李娣：《党的制度执行力问题研究》，福建师范大学2010年硕士论文。

我们党长期革命、建设和改革实践中正确做法、经验的总结和固化，并随着实践的发展不断补充完善，凝练全党共同的、长期坚持的规则和原则，且不可以随意更改，具有相对稳定性。①也就是说，党的制度的形成不是一朝一夕，一蹴而就的，是经历了一个形成过程的。同时，制度一旦形成，则具有相对的稳定性和约束力。所以，如果从本质上来说，党的制度指的是政党为了有效规范和制约党的组织和党员干部等的行为而制定的一系列规章制度、行为规范和各种运行机制的总和。

中国特色社会主义制度体系博大精深、内涵相当丰富，对党和国家的制度体系进行有效建构，并对制度进行系统分类、科学研究、总体归纳，对于研究我们党的制度建设意义深远。

这些重要制度上接"天线"，即国家治理顶层，属于顶层设计的范畴，下接"地气"，涉及社会基层生产生活、国计民生的方方面面。而归根结底，党的制度就是"规范党组织、党员干部行为的各种规章制度的总和，是党赖以生存、发展和履行自身职责的运行机制、保障机制和约束机制的总和，是党的各级组织和每一个党员必须共同遵守的行为规范"②。党的制度体系的建立，形成了对党组织和党员干部组织行为和个人行为的规范约束和机制构建，从而有利于党和国家事业的发展。党的十九届四中全会在讲到"坚持和完善党的领导制度体系，提高党科学执政、民主执政、依法执政水平"的时候，指出："中国共产党领导是中国特色社会主义最本质的特征，是中国特色社会主义制度的最大优势，党是最高政治领导力量。必须坚持党政军民学、东西南北中，党是领导一切的，坚决维护党中央权威，健全总揽全局、协调各方的党的领导制度体系，把党的领导落实到国家治理各领域各方面各环节。"③为了更好地实现党领导国家和社会治理的目标，把党的领导贯穿到国家和社会治理的各个过程、各个方面中。党的十九届四中全会对完善党的

---

① 王振民：《中国共产党党内法规研究》，人民出版社2016年版，第7页。
② 韩强：《党的制度建设研究》，中共中央党校出版社2007年版，第41页。
③ 《中共中央关于坚持和完善中国特色社会主义制度、推进国家治理体系和治理能力现代化若干重大问题的决定》辅导读本，人民出版社2019年版，第6页。

领导制度体系也进行了详尽的规定。

（三）党内法规的概念

党内法规研究属于新兴学问，处于刚刚起步阶段，因此有研究和探讨的空间。对"党内法规"这一基本问题的深刻理解和准确认识，是对这一问题研究的逻辑起点。事实上，党内法规是由党的制度演变而成的，是党的制度的具体化、规范化，是具体落实到现实层面的、具有一定的可操作性的制度规范。因此，党内法规就是党的某方面制度的细化、具体化、规范化。比如，党的路线、方针、政策制定出来之后，需要用文件方式固定下来，然后对外进行公布。如果经过实践检验，这些被公布的文件被证明是正确的、符合实际的，且能对经济、社会发展起到积极的促进作用，就能被党内外广泛认可和普遍认同，其中有的被定为党内法规，成为对党组织和党内成员具有普遍约束力的行为规范，有的则通过法定程序上升为国家意志，转化为国家法律。如果党的路线、方针、政策不被确立为党内法规，而只停留在党的政策层面，就很容易被更改，甚至会因领导人的改变或是领导人注意力的改变而改变，不具有可持续性。所以，对于那些行之有效的、对党和国家事业发展有利的、被党员和群众普遍认可的好政策、好措施，必须要上升到一定的高度，用制度的方式确立下来，才能产生长久的效力。即使环境变了、领导人更迭了，也不会因此受到任何影响，这就是制度的魅力和优势所在。

目前，对党内法规比较权威的界定，是2012年5月26日中共中央颁布的《中国共产党党内法规制定条例》（以下简称《条例》）。2019年8月30日中共中央政治局会议对该《条例》进行了修订，将其称为党内的"立法法"。该《条例》将"党内法规"定义为："党内法规是党的中央组织，中央纪律检查委员会以及党中央工作机关和省、自治区、直辖市党委制定的体现党的统一意志、规范党的领导和党的建设活动、依靠党的纪律保证实施的专门规章制度。"[①] 即党的中央组织以及中央纪律检查委员会、中央各部门和省、自治区、直辖市党委制定的规范党组织的工作、活动和党员行为的党内规章制

---

① 《最新领导干部常用党内法规规范手册》，中国法制出版社2014年版，第48页。

度的总称。这一概念内涵丰富、指向明确、意义深远,不仅指明了党内法规的制定者是相对高级别的党组织,同时,还确立了制定党内法规的目的和方向。党内法规是一个规范的制度体系,其制定是基于组织及其成员的普遍价值认同,并且它能对共同体成员的行为规范产生一定的约束力。

二、全面把握党内法规的性质和功能定位

党内法规是伴随着中国革命、建设和改革实践不断建立、发展和完善的制度规范,在我们党的发展历程中可谓举足轻重、作用巨大。中国共产党作为执政党,党内法规不仅是党内的普遍行为规范,也是实现国家和社会治理的有力保障,是建设社会主义法治国家的制度支撑。从功能上来说,党内法规在调整和规范各级党委、党组织以及党员干部的行为等方面,发挥着十分重要的作用。同时,从政党体制上来看,中国共产党历经沧桑,千锤百炼,如今已经成为世界上最大的马克思主义执政党,历经百年,风华正茂,在党和国家事业全局中举足轻重,是中国发展的"掌舵人"和"主心骨",是中国特色社会主义事业的领导核心,这就决定了党内法规在整个国家法制体系中的独特地位。它不仅规范各级党委和党组织进行公共管理的行为和党员干部的行为,协调处理党内各种关系,而且在调整、规范党内法规和国家法律的关系等方面发挥着重要功能,对全面推进社会主义法治国家建设、建设社会主义法治政府、提升领导干部依法执政能力等具有重要意义。[①]

(一)党内法规具有"法"的基本属性

从法律的本质属性来说,党内法规具备"软法"的一些特性。软法特指不能运用国家强制力保证实施的法规范。软法是相对于硬法而言的,硬法则是指依靠国家强制力保证实施的法规范。党内法规具有一定"软法"特性,为法律在党内法规制定和运行中的适用提供了依据。党的十八届四中全会专题对依法治国进行了研究和部署,并将党内法规制度体系建设纳入整个国家

---

① 郑贵友:《浅谈中国共产党党内法规的法律属性及功能定位》人民法治网(全文刊载于《人民法治》2018年9月18号),http://guangxi.rmfz.org.cn/contents/4/154963.html。

法治建设的战略布局中进行全面考虑和部署,这在党和国家建设史上意义重大。党的十九届四中全会指出:"加快形成完备的法律规范体系、高效的法治实施体系、严密的法治监督体系、有力的法治保障体系,加快形成完善的党内法规体系,全面推进科学立法、严格执法、公正司法、全民守法,推进法治中国建设"①。这一政策出台的理论依据就是源于党内法规"软法"的本质属性,从而为国家立法以及法律在党内法规制定和运行中的适用提供了合法性依据。党内法规虽然不是法律,也没有法律的强制力,但如果从党内法规自身属性上来说,它是一种组织化的行为规则和价值认同,具有公共性、规范性等法的一般特征。换言之,党内法规虽然集中反映了党组织和党员的普遍意志,但因为我们党的人民性,因此党内法规也必然体现出对国家和人民整体利益的维护和保障。这样的公共性、规范性虽然只在党内适用和实行,被党组织和党员认可并被有效执行,但也潜移默化地渗透到社会各个层面,得到广大人民群众的认可。比如中共中央出台的"八项规定",是各级党组织和党员干部必须遵守的行为规范,在党内普遍适用。自从"八项规定"实施以来,党的面貌焕然一新,成效有目共睹。尤其是中共中央反腐败的行动和大案要案的查办,更是体现了中共中央全面从严治党的信心和决心,老百姓拍手称快。推己及彼,"八项规定"在整个社会产生了深远的影响,理念可谓深入人心。实质上,"法"的基本前提是反映民意,成为人民普遍的价值共识。党内法规姓"法"的基本前提,应当是体现全党意志或者全党绝大多数党员的意志和利益,由于中国共产党既是领导党,又是执政党的基本特点,党内法规的"法"的属性就更加明显。

党的十八届四中全会《中共中央关于全面推进依法治国若干重大问题的决定》提出了依法执政的目标,这不仅要求党在宪法和法律的基本逻辑思维下干事创业、治国理政,而且也要求党在党内法规的制度框架下依规进行政党治理。只有如此,才能保障国家和社会治理的巨大效能。党内法规调整和

---

① 《中共中央关于坚持和完善中国特色社会主义制度、推进国家治理体系和治理能力现代化若干重大问题的决定》辅导读本,人民出版社2019年版,第14页。

规范的对象是各级党组织和全体党员,体现的是全党意志,是对各级党组织和全体党员的基本要求和具体行为规范,也是每个共产党员必须遵守的行为底线;国家法律调整和规范的对象是全体公民,体现的是国家意志,是对全体公民提出的基本要求,规范的是全体公民的行为,也是全体公民必须遵守的行为底线。

我们制定党内法规应遵守的基本原则是:以党必须在我国各项法律规定范围内活动为基本逻辑框架,超出了这一框架,党内法规就失去了存在的意义。国家法律为党内法规进行了制度托底和保障。所以,习近平总书记指出:"每个领导干部都要深刻认识到,维护宪法法律权威就是维护党和人民共同意志的权威,捍卫宪法法律尊严就是捍卫党和人民共同意志的尊严,保证宪法法律实施就是保证党和人民共同意志的实现。"①我们必须坚持"宪法为上、党章为本"的基本原则。以宪法为遵循,就是要使党内法规的制定始终保证和体现宪法精神;党章是党内的根本大法,是总章程,是党组织和全体党员必须共同遵守的制度遵循和行为规范,理应成为每一名共产党员的精神信仰,并在实践中不折不扣地加以遵守。因此,党内法规的制定必须以党章为根本,按照党章确定的基本原则、要求推进其制定工作。这不仅是关系党内法规与法律协调统一的大问题,而且事关党的主张能否有效合理地反映人民意志,是不能忽视的大问题,需要我们认真对待和审视。

(二)党内法规体现了是软法与硬法的有机统一

从现代法所涉及和指定的范畴来看,法律的内涵和外延都非常丰富。不仅包括硬法,也包括软法。硬法即靠国家强制力实施的法律,而党内法规就是在硬法规定的基础上,对硬法进行补充、完善的"软法"。"软法"是与硬法相对应的,也是相辅相成、相互为用的。调整的关系涉及公权力主体与相应共同体的关系、公权力主体与相对人的关系、公权力主体相互之间的关系等。

---

① 《习近平关于全面依法治国论述摘编》,中共文献出版社2015年版,第131页。

"党内法规"虽然属于软法,但是《中华人民共和国宪法》(2018修正)一方面明文对党的领导的特征和优势进行了概括:党的领导是中国特色社会主义的本质特征和制度的最大优势,是党和国家事业砥砺前行的根本保障。另一方面又补充和完善了坚持和加强党的全面领导的内容。中国共产党作为执政党,其特殊的领导地位和执政地位,决定了党内法规不仅在调整党内事务和关系方面具有独特优势,而且对于整个政党治国理政意义非凡。事实上,党内法规影响和涉及的面非常广,有时甚至涉及国家和社会治理,影响到国家事务。中国共产党的党内法规相对于一般政党的党内法规来说,既有共性和相通之处,也有其特殊性和独到之处,在一定意义上可以说是更特殊,这就使党内法规具备了硬法特征。党内法规虽然一般调整的是各级党组织和党员的行为,但有时也涉及国家层面,对国家和社会公权力进行部分调整。我们党制定了全面依法治国的目标,而要实现这一目标,首先要依法执政,而要依法执政,依规治党是一个重要的突破口,只有依规治党,将党内各种利益关系理顺了,才能更好地促进依法治国的实现。所以,实现国家和社会有效治理,不仅要依靠国家法律的强制保障,还要依靠党内法规的柔性配合,二者统一于中国特色社会主义的伟大实践中,缺一不可。这就要求我们党必须重视党内法规建设,要从党内法规的本质属性来思考其功能定位问题,通过依规治党的示范和引领,加快社会主义法治国家建设的步伐。

(三)党内法规是具有更高道德约束力的"法治"

中国特色社会主义法治体系博大精深,是大于"法制"和"法律"的范畴。它不仅包含国家法律体系,也包含党内法规体系。在当前中国的政党体制下,全面推进依法治国,首先要充分发挥党内法规对国家法律的补充和保障作用。党内法规在制度标准的设计上,是应该严于国家法律的,是在法律基础上对党组织和党内成员的再约束,具有更强的道德约束力,是体现更高道德境界的法治规范和行为准则。党的十八届四中全会通过的《中共中央关于全面推进依法治国若干重大问题的决定》指出:"党规党纪严于国家法律,党的各级组织和广大党员干部不仅要模范遵守国家法律,而且要按照党规党纪以更高标准严格要求自己。"①党内法规严于国家法律,指的是党内法规对党组织和广大党员的要求更严格,对于违反国家法律的党员,除了进行法律范围内的定罪量刑外,还要受到党纪、党规的严惩。

首先,党内法规严于国家法律,这是由党的性质决定的。中国共产党是按照马克思主义建党原则成立的马克思主义政党,在全国范围治国理政,是广大人民根本利益的忠实代表,是引航中国巨轮的"总舵手",其重要性不言而喻。百年历史启示我们,每一名党员干部不仅要有"革命理想高于天"的坚定信念,还要有坚如磐石的铁的纪律,这是中国革命、建设、改革事业蒸蒸日上的基本规律性认知。组织纪律严密是我们党的优良传统和强大政治优势。

《中国共产党章程》强调:"中国共产党是中国工人阶级的先锋队,是中国人民和中华民族的先锋队,是中国特色社会主义事业的领导核心,代表中国先进生产力的发展要求,代表中国先进文化的前进方向,代表中国最广大人民的根本利益。党的最高理想和最终奋斗目标是实现共产主义。"②我们党的性质决定了我们必须对自身严格要求,只有打铁自身硬,才能体现党的先进性,才能在纷繁复杂的国内外形势面前,保持"任尔东西南北风,我自岿然不动"的政治定力。事实上,党的执政环境越险恶,使命任务就越光荣,就越需要全面从严治党,练就金刚不坏之身,从而进一步巩固党的执政地位。党内法规之所以"严",是因为党规的适用对象是各级党组织和全体党员,而党员不仅是劳动人民中的普通一员,更是群众中起着模范带头作用的先进分子,因此,党内法规对党员提出的基本行为要求,必须要比法律对普通公民提出的要求更严格、更规范。这不仅符合我们党全心全意为人民服务的根本宗旨,也符合人民群众对党的新要求和新期望。

我们党要始终成为"两个先锋队、一个核心、三个代表"。要实现我们的最高理想和最终奋斗目标,不仅要求广大党员要坚定理想信念,坚守共产党人的政治本色和政治追求,同时还对党员提出建立在法律基础和维度之上

---

① 《习近平谈治国理政》第二卷,外文出版社2017年版,第119页。

② 《中国共产党章程》,人民出版社2017年版,第1页。

的更高标准的要求。因为我们是共产党员，是党组织的一员，就意味着必须要多尽一份义务和责任，主动放弃一部分权利和自由，尤其是在党员角色和其他社会角色发生冲突的时候，首先要想到自己的第一角色是党员，然后才是其他社会角色。在政治上，要对党和人民无限忠诚、组织上绝对服从党的领导。在纪律上，要敬畏法纪，守住底线。俗话说，天下之事成于惧而败于忽。纵观党员干部违纪违法的案例，不难看出，一些党员干部正是因为失去了对党纪国法应有的敬畏，把党纪国法当成了纸老虎，当成了24小时不带电的高压线，胆子才越来越大，由破纪转而破法，走向违法犯罪的深渊。大量事实证明，如果纪法不分，不把纪律、规矩挺在前面，党员干部在实践中就体现不出高标准、严要求。如果党员干部只要不违法就没人管、不受任何追究的话，不正之风就会蔓延。全面从严治党更是奢谈，党的先进性更是无从谈起。

其次，体现了全面从严治党的新要求。治国必先治党，治党务必从严。在全面依法治国条件下，我们必须依法、依规管党、治党。严明的组织纪律和党纪是中国革命、建设和改革事业不断取得胜利的根本保障。新形势下，我们党治国理政面临着前所未有的前进风险和巨大考验，即"执政考验、改革开放考验、市场经济考验、外部环境考验"和"精神懈怠危险、能力不足危险、脱离群众危险、消极腐败危险"这"四大考验""四大风险"，而要有效应对风险和考验，严明的组织纪律性是重中之重。但是目前，现实中却存在着一定程度的纪律松弛现象，成为党的一大忧患。

全面从严治党，就是要坚持党要管党、从严治党的方针，就是要从根本上解决管党治党宽、松、软的问题，把纪律建设摆在党的建设更加突出的位置。如果党员干部不能够很好地遵守党规党纪，党员的先锋模范作用就无法突显，党的先进性就会大打折扣。党内法规体现了软法的特征，它是政党内部一种高标准的社会道德规范。然而，党规严于国法的这个"严"字包含着非常丰富的内容，要求广大党员严格遵守国家法律法规，做合格守法公民，这是对每个党员的最低限度的要求，是全体公民的行为底线，属于义务和道德的范畴。同时，体现在党内法规上，要求每个党员将党规党纪挺在国家法律前面,严格遵守党规党纪,增强自身的组织纪律性,以此维护党的团结力、凝聚力和战斗力。所有的党规、党纪都是我们党经验教训的高度凝练,背后都是血淋淋的代价,是对所有党员的严格要求和行为约束,是中国共产党人的行为准则、价值共识和政治底线。

新时代,要很好地发挥党规党纪的作用,不仅需要党员干部强化规矩意识和纪律意识,还需要党员干部提高政治觉悟和忠诚度,有坚定执着的共产主义理想信念,只有如此,才能不断提高党内法规执行力,这属于"责任道德"的范畴。中国共产党具有严密的组织纪律性,这不仅是中国革命成功的重要因素,也是我们党区别于其他任何政党的显著标志。中国共产党应当把铁的纪律性贯穿到党的事业的方方面面,用党内法规把"党要管党、从严治党"真正落到实处,让其掷地有声。只有充分发挥党内法规应有的效力,党员干部才会心有所畏、行有所止,才能够主动地、自觉地接受党规、党纪的要求和约束,才能更好地接受国家法律的约束。[1]

第三,体现了管党、治党理念的创新。全面从严治党具备以下几个方面的要素,基础在"全面",涉及政治、思想、组织、作风、纪律、反腐倡廉、制度建设等诸多党建领域;关键在"严",对违反党纪的行为绝不姑息,实行零容忍,以"抓铁有痕、踏石留印"的作风和壮士断腕的勇气全面推进从严治党;要害在"治",就是要"刮骨疗毒",既治标又治本,达到标本兼治。

党规党纪之"严"主要体现在以下几个方面:一是设置了道德高线,设立了党员干部的道德制高点,以德治党,就是要用好的道德操守治国理政,始终保持对党和国家的绝对忠诚,秉承家国情怀,且始终做到慎独、慎微、慎初,把高尚的道德"高线"鲜明地树立起来。二是划定了纪律"底线",这是每个党员干部不可触碰的,它是悬在每名党员干部头上"达摩克利斯之剑",如果违反就要付出沉重的代价。党规、党纪列出了负面清单,纪律要求更加严格。三是党的纪律处分更加严格。党纪是红线,处分是惩戒。不管是普通党员还是领导干部,在党纪面前一律平等,党内不允许有特殊党员的

---

[1] 陈可:《党内法规的功能定位和价值取向》,载《理论学习》2017年第7期。

存在。只要触碰了党规、党纪，就要受到惩罚。

三、厘清党内法规与国家法律的关系

在中国的政党体制下，党法关系特殊且重要，这是中国法治的核心，而党内法规与国家法律二者之间的关系问题作为党法关系的重要一环，则属于基础性或是根本性的问题，必须认真地加以对待。这一问题如果处理不好，很容易在理论和现实层面产生困惑，因此备受关注。党法关系问题为什么引起学术界的高度关注呢？

第一，源于中共中央文件的要求和规定。即党的十八届四中全会通过的《中共中央关于全面推进依法治国若干重大问题的决定》（以下简称《决定》），该《决定》将党内法规体系建设纳入中国特色社会主义法治体系进行全面布局和整体规划。在中国共产党执政的体制下，国家法律与党内法规二者关系如何处理？二者如何有效融合且更好地参与政党治理和国家治理？这些问题成为当前中国法治建设的关键。

第二，党法关系问题是中国法治的核心问题。党法关系问题不仅是一个现实层面需要着力解决的问题，也是一个在理论层面需要重点研究的基础问题。为防止陷入别有用心的人设定的"党大还是法大"的政治迷坑，我们有必要厘清二者之间的关系，从而澄清人们头脑中的模糊认识。

2015年，习近平总书记曾经就"党法关系"发表重要讲话，他强调："我们说不存在'党大还是法大'的问题，是把党作为一个执政整体而言的，是指党的执政地位和领导地位而言的，具体到每个党政组织、每个领导干部，就必须服从和遵守宪法法律，就不能以党自居，就不能把党的领导作为个人以言代法、以权压法、徇私枉法的挡箭牌。我们有些事情要提交党委把握，但这种把握不是私情插手，不是包庇性的插手，而是一种政治性、程序性、职责性的把握。这个界线一定要划分清楚。"[①]这段讲话是目前对党法关系的科学和权威界定。因为在实践操作层面，如果对于党法关系问题不能有效厘

---

① 2015年2月2日，习近平总书记在省部级主要领导干部学习贯彻党的十八届四中全会精神全面推进依法治国专题研讨班上的讲话。

清或是存在困惑的话，很容易发生原则性的错误。因此，我们要认真学习、深入研究、准确把握习近平总书记的相关重要论述，只有这样才能有利于实际工作的开展。

事实上，党内法规与国家法律既有区别、又有联系，共同统一于中国特色社会主义的法治体系中。从性质上看，党内法规与国家法律属于"软法"与硬法、社会法与国家法的关系。从外在特征上看，二者既有经济基础、阶级意志、指导思想和价值取向的一致性，又有制定主体、表现形式、调整对象和适用范围、实施方式和保障力量等方面的区别。从效力上看，党领导国家立法与法律优先原则辩证统一，党内法规不得与宪法和法律相抵触；在不违背法律原则的前提下，党规严于国法。党内法规与国家法律的衔接和协调，应当以宪法为统率，通过立法权限界分、立法规划、备案审查、法规清理、立法后评估等制度机制加以保障。

（一）党内法规与国家法律的联系

众所周知，"法"与"法律"范畴不同，不是同一概念体系，人们通常所说的"法律"是"法"的一种，属于"硬法"，靠国家强制力保障实施。但是当前，随着国家的进步、社会的发展，社会治理主体也日益出现多元化态势，如果单纯依靠"硬法"的强制功能不足以实现国家和社会的有效治理，有可能产生治理危机。在此情况下，"软法"应运而生。党内法规作为"软法"的一种，是中国特色社会主义法治体系中"法"的重要组成部分，与国家法律并行不悖，相辅相成。党内法规与国家法律在经济基础、阶级意志、指导思想和价值取向等方面是高度一致的、统一的。

1. 经济基础相同

马克思主义哲学告诉我们，经济基础决定上层建筑。当前，虽然我们已经进入了崭新的发展阶段，迎来了一个新时期，但是就我国的国情而言，尚处于社会主义初级阶段，而且所有制关系没有改变，仍然是以公有制为主体、多种所有制经济共同发展的基本经济制度。党内法规与国家法律作为上层建筑，都是这种经济基础发展的必然产物。

2. 阶级意志一致

党内法规作为规范党组织和全体党员行为的一种制度模式，是全党意志的体现，而我们党又是代表中国最广大人民的根本利益的、以全心全意为人民服务为根本宗旨的政党，党的性质决定了党内法规也是广大人民意志的体现。而法律则体现和反映的是国家意志，是在中国共产党领导的制度体系下，根据形势和任务的需要制定的，是我们党治国理政的基本模式和内在之需，也是党的思想和意志的根本反映。因此，两者都是党和人民的根本意志和价值追求。

3. 指导思想一致

马克思主义理论是被实践证明了的科学理论，虽历经时空变幻，但仍然历久弥新，具有强大的生命力。马克思主义作为党和国家的根本指导思想，作为认识世界、改造世界的强大思想武器，是指引我们砥砺奋进的行动指南。因此，党内法规和国家法律都必须坚持以马克思主义为指导。党章作为党内的根本大法，作为全党必须遵循的总章程，明确规定了马克思主义的指导地位。党的十九大党章把习近平新时代中国特色社会主义思想同马列主义、毛泽东思想、邓小平理论、"三个代表"重要思想、科学发展观一起确立为党的指导思想，作为指导我们今后各项工作的行动指南，这是一个重要的理论成果。宪法作为国家的根本大法，是在党的领导下，在马克思主义指导下制定的，与党内法规制定在指导思想上具有一致性，都体现了马克思主义的原则要求。

4. 价值取向一致

党的十八届四中全会通过了《中共中央关于全面推进依法治国若干重大问题的决定》，指出，建设中国特色社会主义法治体系，要"形成完备的法律规范体系、高效的法治实施体系、严密的法治监督体系、有力的法治保障体系，形成完善的党内法规体系"[①]。这句话含义非常丰富，体现了党内法规与国家法律在根本价值取向上的一致性。党内法规是全面从严治党的制度

---

① 《习近平谈治国理政》第二卷，外文出版社2017年版，第119页。

保障，目的是更好地服务人民；国家法律是推进国家治理体系和治理能力现代化的基本依据和保障，目的是让人民过上美好生活。一切为了人民，人民利益至上，是党的领导和社会主义法治建设相契合的思想基础。党内法规和国家法律统一于增进人民福祉这一价值目标下。两者在实质上共享价值驱动力，是在共同价值目标下的完美统一。党内法规体系和国家法律体系不断得到完善，在"内在的和谐统一"的基础上，建构起保障党内治理法治化、规范化和依法执政的"法治同心圆"，从而更好地促进国家和社会治理。

因此，党内法规不仅必须符合法律的规定，而且要把党内法规中行之有效的、具有可操作性的制度规范，经过法定程序上升为国家意志，即通过立法的形式加以固定，这是法律产生的一个重要源头。同时，党内法规的实施和有效执行是法律的有益补充，也有利于保障法律的实施。所以，推进党内法规建设不是削弱了法律的权威，而是在一定程度上加强了法律的效能。尤其对于执政党来说，要在宪法和法律范围内进行依法执政，不仅要靠法律治理国家，还要运用党内法规管党治党，二者统一于建设社会主义法治国家的宏伟事业中，可以说相辅相成，相得益彰。

（二）党内法规与国家法律的区别

党规党纪和国家法律二者作为不同的概念体系，其性质不同，因此不能混同。事实上，党内法规在以下几个方面与国家法律存在着很大差异，不可相提并论，要有效地加以区分。

1. 制定主体差异

党内法规属于政党或组织的内部行为规范，在制定主体上与国家法律不同。党规党纪由党的中纪委等中央组织、各部门和省、自治区、直辖市党委制定，而法律是由全国人大及其常委会制定。

2. 表现形式不同

首先，名称不同。党规党纪文体形式为党章、准则、条例、规则、规定、办法、细则。其次，体系构成不同。党内法规制度体系可以从纵向和横向两个维度考察。纵向维度，党内法规制度体系由中共中央党内法规、部门党内法规和地方党内法规构成。中共中央党内法规的效力高于中共中央纪律检查委员会、中央各部门和省、自治区、直辖市党委制定的党内法规的效力。省、自治区、直辖市党委制定的党内法规不得同中共中央纪律检查委员会、中共中央各部门制定的党内法规相抵触。横向维度，党内法规制度体系可以分为综合性的和特指性的党内法规，后者包括思想政治建设、作风建设、纪律建设、反腐倡廉和军事等具体方面。国家法律体系同样可以从纵向和横向两个维度进行考察。纵向维度，我国法律体系分为三个层次：宪法，法律，行政法规、地方性法规等。横向维度，我国法律体系分为七大法律部门：宪法及宪法相关法、民法商法、行政法、经济法、社会法、刑法、诉讼与非诉讼程序法。

3. 调整对象和适用范围差异

党规党纪坚持以德为本，坚持道德自律与立标树规相结合，高标准和严要求相契合，调整对象是各级党组织和全体党员。法律作为国家层面的范畴，是对人的行为的规范和调整，是对全体公民提出的行为约束和规范。就适用范围来看，党的纪律对党的各级组织和全体党员具有普遍的约束力，而国家法律则是全体公民必须共同遵守的行为规范和准则。党的纪律处分适用范围是各级党组织和全体党员，主要由各级纪委来负责实施。而触犯法律后，主要由国家司法机关运用国家强制力来主张实施。

概括起来，党内法规调整的是党内关系，主要适用于党内。国家法律适用于全社会。但是，二者的适用界限不是泾渭分明的，存在着一定的交叉和重叠。主要是因为党员的双重身份，党员不仅是党组织的一员，受党内的纪律约束，同时也是社会的一分子，要受法律的约束和规范，必须在法律允许的范围内活动，在这种情况下，就会出现交叉重叠的现象。另外，党内法规虽然调整的对象是党的各级组织和全体党员，但同时涉及党的建设、党的领导和执政活动，涉及党和国家机关的关系，这必然与国家法律交叉重叠。如党政领导干部选拔任用、纪律处分以及问责等，都同时涉及国家事务，这就需要党内法规与法律之间有效衔接、协调联动，以保障目标一致。

4. 实施方式和保障力量不同

实践层面，党内法规的实施具有双保险，包括自愿履行和强制执行两个方面，自愿履行主要靠个人道德自律、思想觉悟、能力素质等来实现，强制执行则是依靠制度的外力约束，达到制度预期的过程。所以，党内法规实施环节体现了自律和他律的统一。根据《中国共产党纪律处分条例》的规定，对违反党纪的党员进行处分，处分由轻到重分别为警告、严重警告、撤销党内职务、留党察看、开除党籍。从法律的本质属性来看，法律体现的是国家意志，以国家强制力保障实施。如果违反法律，行为人就要受到相应的法律惩罚，或是承担相应的法律责任，这里既包括民事的、刑事的责任，也包括行政的、违宪的以及国家赔偿方面的责任等。

法律具有最高的权威、最大的效力。法律是每个公民必须遵守的行为规范，是全天候带电的高压线，只要触碰，就要受到惩处。所以，违反法律要承担相应后果、受到相应处罚。尤其是在构成犯罪的情况下，行为人所要承担的法律后果更为严重，要远远高于违反党内法规受到的处分。因此，每个公民都要对法律充满敬畏之心、崇敬之情，始终牢记法律底线不能触碰和逾越的观念。①

此外，党内法规和国家法律还在制定程序、内容和侧重点方面存在一些差异。实行纪法分开，是我们党根据形势和任务的需要，针对过去出现的党纪与国法相混淆、界限不清问题作出的现实回应。党纪不同于国法，它是我们党在治国理政方面的独特优势，也是管党治党方面的基本模式和制度创新。习近平总书记曾经对遵守党纪的重要性进行强调："要坚持纪严于法，纪在法前。过去就存在纪法不分问题，把公民不能违反的法律底线作为党组织和党员的纪律底线，降低了对党员的要求，最后造成的结果就是'违纪只是小节、违法才去处理'，'要么是好同志、要么是阶下囚'的不良后果。"②党的十八大以来，在如何处理党规和国法的关系上，我们党克服了以党规党

---

① 何平：《正确认识党纪和国法的关系》，《合肥日报》2017年3月2日。

② 中共中央纪律检查委员会、中共中央文献研究室：《习近平关于严明党的纪律和规矩论述摘编》，中央文献出版社、中国方正出版社2016年版，第65页。

纪取代国家法律和将党规党纪混同于国家法律的错误倾向，取得了明显的成效。"

第二节 党内法规执行力系统的科学构建和理论基础

目前，理论界对于党内法规执行力的概念尚未达成共识。一是因为学界对党内法规执行力问题的研究处于刚刚起步阶段；二是党内法规执行力概念较为具体和微观，涉及面比较窄，关注者也比较少；三是党内法规执行力隐含党内法规和执行力两个基本概念，而两个概念相对独立。现实中，对二者的单独研究比较常见，但是对党内法规执行力整体概念的研究尚不多见；四是党内法规执行力内涵丰富，是涉及理论和实践两个层面的深层次问题，目前不管是理论深度还是实践操作都不尽如人意，影响了对其进一步深入研究；五是党内法规执行力涉及方方面面，不可能一蹴而就，要对其进行综合研判。因此，要对党内法规执行力进行深入研究，就必须采用先分后合的分析方式，逐一对党内法规和执行力的相关概念进行考查。

一、党内法规执行力及其相关概念

（一）关于"执行力"的概念

根据《现代汉语词典》的解释，执行即实施实行政策、法律、计划、命令、判决中规定的事项[①]，力主要指力量、能力。执行力在英文中有两种表述，一是侧重强调组织在执行各项规定事务时所具有的资格、能力，二是指政府的行政权力和法律执行效力等，也可以用于强调组织在执行各项规定事务时所具有的能量、效力等。[②]

在国外，"执行力"概念最早出现在企业管理领域。2002年，美国人拉

---

① 《现代汉语词典》，商务印书馆2007年版，第1747页。
② 莫勇波：《公共政策执行中的政府执行力问题研究》，中国社会科学出版社2008年版，第23页。

里·博西迪首次提出这一概念,后来此概念被广泛运用于其他领域。比如,詹姆斯·布里克利和保罗·托马斯分别从企业和政治领域如何提高效率的视角,来研究提升执行力问题。美国学者艾利森则认为,在达到政府目标的过程中,方案确定只占一成,而其余九成取决于有效执行。这正应了习近平总书记那句话:一分部署还要九分落实。管理学中的格瑞斯特定理指出,杰出策略必须加上杰出执行才能有效。这些都在强调执行的重要性。但国外学者主要侧重其效能、技术方面的研究。

在国内,研究执行力的代表人物有周永亮、陈怀敏、陈德军等。学者周永亮认为:"在形成了决策、制订了计划之后就是执行,而确保执行完成的能力和手段构成了执行力。"[①] 也就是说,执行力是完成一项任务所必须具备的能力、素质和手段等要素的总称。近年来,随着形势的不断发展,"执行力"一词逐步向经济、政治、社会、文化、生态等领域渗透,并不断被赋予新的时代内涵。"执行力"概念不断被引入到制度领域,制度执行力成为一个关注点。我们党对制度执行力的认识,也是在国家治理过程中不断加强的。尤其是随着中共中央全面从严治党步伐的加快,党内法规执行力问题更是备受关注。

(二)党内法规执行力

党内法规制度体系建设,是党的制度建设的重要组成部分,也是一项内容庞杂的系统工程,而执行力则是该系统工程中非常重要的一环,如果党内法规在执行中受阻,执行力也就无从谈起。因此,执行力就成为衡量党内法规是否具有成效的重要标准之一。

目前,实事求是地说,虽然理论界对党内法规执行力的研究才刚刚开始,但是也产生了一些学术成果,概括为:一是对党内法规执行力内涵的研究。学者们从制度执行力的含义、特征、功能和评价视角等多层次进行分析。比如,陈满雄认为制度执行力包含六种能力,并据此划分了不同层级人员所应具备的执行力,有一定的参考价值。二是党内法规执行不力的表现。

---

① 周永亮:《本土化执行力模式》,中国发展出版社2004年版,第128页。

胡国喜从制度虚置、制度剪切、制度敷衍、制度置换等方面进行总结，概括精准，值得借鉴。三是影响党内法规执行力的因素。学者们从制度本身不科学、党内监督机制弱化、传统文化影响、制度意识缺乏、权力倒置、党员主体地位虚置等方面进行研究。其中操申斌从制度和人的关系视角对此问题进行分析，看法独到。四是提升党内法规执行力的路径。宏观层面：林尚立认为，制度设计需要系统思维，要以制度现代化推进国家治理现代化。任铁缨则从党内法规制定权限、制度体系和制定程序层面提出建议。微观层面：有的学者从加强制度认同、优化资源配置、打破潜规则、提高执行主体能力等方面进行阐释。张晓燕则从落实追究制度执行不力的主体责任和健全党内法规公开制度、解释制度、执行监督、备案审查等方面进行拓展。

总之，党内法规执行力研究虽起步晚、文献少，但初步形成了党内法规执行力的基本思维框架，为本书的写作和研究奠定了坚实基础。当然，目前学界对此问题的专项深入研究尚不多见，有待于进一步探索。一是已有研究多以政策解读为主，理论研究尚待深入。尤其在一些核心概念和理论上还未形成共识，未系统研究其运行机理，理论积淀不够。二是已有研究重在宣传阐释，实证研究显得不够。三是对制度执行史的总结尚待加强。四是对如何提升党内法规执行力尚需深入研究。

鉴于学术界对党内法规执行力研究仍处于起步阶段，所以至今对其概念界定也未达成共识。从逻辑上讲，党内法规执行力包含内外因两个方面：一是内在动力，即主观意愿力，意为各级党组织和全体党员自觉自愿遵守和执行党内法规的明确态度和诚意。二是外在压力，即客观强制力，即党内法规的执行者为了使法规顺利贯彻落实，采用强制方式加以推进，从而使党内法规的效力得以彰显和实现的能力。

党内法规执行力贯穿于党内法规贯彻执行活动的全过程，是保障党内法规得以顺利运行的关键要素，也是把党内法规的预定目标转化为实际效果的重要抓手。简而言之，党内法规执行力是使党内法规内容得以实现的能力和效力，包括自愿履行和强制执行两个方面，是自律和他律的有机统一。其中自律是基本前提，他律是制度保障。"盖天下之事，不难于立法，而难于法之必行。"①党内法规执行力强弱与否,直接影响国家和社会治理的成效,也反映我们党科学执政、民主执政、依法执政的水平。提高党内法规执行力,是党的制度建设的基本要求,体现了管党、治党的从严性和根本性,有利于凝聚全党意志,贯彻落实中央决策,有利于推进党的依法执政和加快建设社会主义法治国家。②

总而言之,党内法规执行力,就是作为制度执行主体的各级党组织及广大党员干部在一定的执行环境中,运用各种制度执行资源,通过建立组织机构,采取宣传、协调、解释等方式,将制度观念形态转化为实际效果,从而达到制度预期目标的能力。党内法规执行力所蕴含的内容十分丰富,辐射和覆盖的范围比较广,是各种不同力量相互作用的综合体,它是制度本体、执行主客体、文化氛围、可利用的资源等因素发生效应时的综合力。

二、党内法规执行力的要素系统

系统是由多种要素组成的,而党内法规的执行活动可以被视为一个系统,党内法规执行力就是各要素遵循特定的规律形成的,与其他系统相区别的特定机理。党内法规执行力的要素系统,包括执行主体与客体在一定的执行环境中,利用一定的执行资源,对制度执行的动态过程。它们均可对党内法规执行力产生影响,并在执行目标的实现程度上得以体现。执行制度、执行主体、执行客体、执行资源、执行监督、执行环境之间的关系如下图所示:

---

① 《习近平谈治国理政》第二卷,外文出版社2017年版,第120页。
② 周叶中:《关于中国共产党党内法规建设的思考》,《法学论坛》2011年第4期。

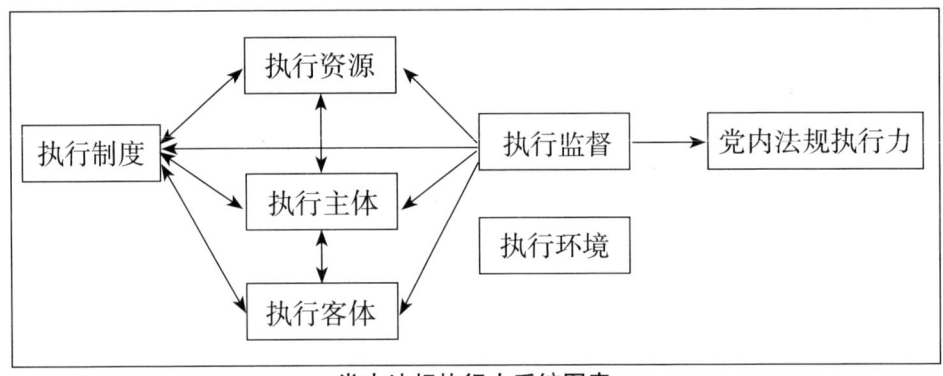
党内法规执行力系统图表

系统论的创始人贝塔朗菲指出：系统的定义可以确定为处于一个关系中并与环境发生关系的各组成要素的总体。通俗地讲，系统是一个有机整体，是由相互影响、相互作用、相互关联、相互制约的各个组成部分所构成的，具有某种功能的统一整体。系统通过各个部分作用的发挥形成整体合力，因此，系统功能要大于各个组成部分。从系统论的原理来说，要想使党内法规发挥其制度效力，需要党内法规执行力各个要素充分发挥作用，以此促进党内法规很好地贯彻落实，完成制度预期。这个过程是一个主观见之于客观的物化过程。在这个转化过程中，执行制度、执行主体、执行客体、执行资源、执行环境等因素之间的相互影响、相互作用产生了执行力系统。

同时，执行力系统具有非常明显的特性，它有着整体性、开放性、层次性的特征。执行力系统中各要素之间的互动和有效结合形成了系统的结构。从结构功能主义的视角来看，结构不同导致了功能不同，因而执行力系统的功能，也就是执行力的强弱，不是取决于系统要素的多少，而是取决于系统各要素的互动是否科学有效。因此，党内法规执行力的强弱取决于执行力系统的运转和互动的成效。简言之，要提高党内法规执行力，不在于过多地增加系统要素，重要的是对党内法规执行力系统中的各要素及其互动关系有个清楚的认识，并进行逐一剖析，了解每个要素在系统中的地位及其存在的价值，以明晰党内法规执行力生长的内在机理，找到蕴含在背后的规律。党内法规执行力系统主要有：执行制度、执行主体、执行客体、执行资源、执行监督、执行环境。

（一）执行制度

执行制度在本书中即指党内法规本身，是影响制度执行力的第一要素和基本标志，是执行力系统运转的基点，也是基本前提。没有执行制度，执行活动就成了无源之水、无本之木，执行活动也就成了空中楼阁，无从谈起。"执行力"从本身而言，不具有指向性，仅指在执行活动中体现出来的能力和效力。只有对执行本体加以限定才能使其产生特指意蕴，可见正是本体规定了党内法规执行力的方向。

在执行力系统中，各要素间不是必然平等的，也不是均衡发力的，而是有一定层次和分工的。执行制度是执行力系统中的核心要素，制度要素不仅决定着其他要素存在的必要性，而且决定着系统的朝向和预期。因为执行力系统在运转过程中的方向，必须与制度预期相一致，不能相悖，只有这样才能使执行力系统按照制度自身设计的轨道运转，才能达到理想的目标。所以，在党内法规执行过程中，我们必须要特别注意执行力的指向问题，否则会南辕北辙、前功尽弃。诚然，要真正使制度要素发挥旗帜和引领作用，必须有一个基本的前提：执行制度本身必须具有可操作性。如果只是理想化的制度设计，看似光鲜，实则无从下手，没有能够被执行的品质，则似镜中花、水中月，可远观而不可亵玩焉。因此，制度必须具备科学性、可行性和合法性品质。制度合法性不仅指程序合法，也包括内容合法，同时也指制度得到约束对象的心理和情感认同。此外，通过制度的有效执行能解决实践中存在的现实问题。

（二）执行主体

对于主体而言，有自身的概念界定，指的是具有一定行为目的、意识、能力的人和以人为基本单位所形成的社会组织或社会群体。从这个定义不难看出，行为主体分为两个方面，即组织和个人，党内法规的执行主体也是如此，不仅指党内有权执行它的机关，还包括该机关内的相关工作人员。

执行主体是执行力系统中最为能动的要素，是执行力系统的积极推动者。制度执行主体就是在制度执行过程中，具有明确的行为目的和预期目标、坚定而执着的行为意志、全面综合的行为能力，并能够引起执行行为发生、变更或终止的组织和个人。"制度也好，法治也好，都要由人来制定、执行、遵守和维护。所以，从这个根本意义上讲，人是最终的决定因素。"[①]因此，执行主体在执行力系统中是关键因素，在系统运行中起着积极的主导作用。主要表现为：在执行力系统中，系统各要素之间彼此独立、相互分离、"各自为政"，是执行主体这一媒介将系统各要素有机地联系在一起。制度执行效果如何，受主体主观能动性发挥强弱的影响，即执行主体主观能动性强，就能很好地发挥系统各要素的积极性，从而主动参与其中，成效明显；如果执行主体主观能动性差，或是能力素质不高、本领不强，就不能将系统各要素进行全面统筹，形不成1+1>2的效果。由此可见，正是执行主体发挥其自身优势和积极的能动效应，从而使执行力系统各要素紧密相连，实现"无缝对接"，且开启有效互动模式，各要素在相互作用和影响下得以良性运转。而执行主体的思想、意志和能力水平等，影响着执行力系统的运行状况。

（三）执行客体

客体是执行主体作用和指向的对象，是其行为处于执行主体调整范围之内的个人和组织。执行客体是执行力系统的作用对象。具体而言，党内法规的执行客体就是受党内法规约束、规范和调整的对象：党组织和党员。执行客体一般具有一定的能动性和自主行为能力。由于执行客体具有能动性，且存在个体差异，能力素质和对制度的理解接受能力也不尽相同，再加上执行客体对执行主体的主观认同和喜好程度也有区别，这些都影响了其执行行为能够达到的效果。一般情况下，面对执行主体的执行行为，执行客体对执行主体的执行理念是否认同，能否达到理想的情感接受，对党内法规能否产生价值认同，客体是否能够积极配合，直接影响了执行效果的好坏。如果执行客体对党内法规不接受、不认同，不愿意将其付诸实践，就会选择被动执行、选择执行、变通执行等方式消极应对，制度也会流于形式，起不到该有

---

① 《江泽民文选》第二卷，人民出版社2006年版，第557页。

的作用。所以,执行客体的心态对执行成效也是至关重要的,直接影响到执行力的强弱。因此,要高度重视对执行客体的思想教育、辅导培训、心态分析、制度解读和行为引导。

其运行机理表现为:在执行力系统中,除了执行主体是执行活动的基本动力外,执行客体对执行制度和执行主体的情感认同和价值认同也不可小觑。如果执行客体对执行制度和执行主体的执行方式、手段充分认可,完全支持制度的实施,主观上愿意接纳,并且其接受能力比较强,能力素质也比较高,就会极大地提高执行力系统的运行状况。执行力系统不是封闭的、固定不变的,而是开放的、不断变化的,始终处于一定的运动状态中,其动力主要来自系统内各要素的循环运行所产生的能量,特别是执行主、客体间的良性互动所产生的行为张力。如果执行主体的主观能动性持续发力和积极作为被执行客体抵触、拒绝、消极应对、敷衍塞责的话,动力就会被抵消,那就形不成执行力或是执行力比较差;而如果执行客体能够欣然接受,有情感和价值认同,并且积极投身到党内法规的贯彻落实中去,甚至可以影响和发动更多的人参与到执行过程中,则不仅可使执行主、客体呈现良性互动和强大正能量,而且也能使主、客体各自的作用力形成合力,从而提高执行力。所以,执行主体必须对党内法规所指向的对象,即执行客体,进行全面认识,了解其内心所思所想所盼,同时因势利导,通过一系列思想工作取得他们的价值认同,从而真正内化于心,外化于行,乐于去执行,最终使执行客体成为制度的积极参与者。

(四)执行资源

执行资源是党内法规执行的后勤保障,指的是执行主体为保障党内法规的顺利实施和执行过程有序运行所需要的各种资源的总称。党内法规执行资源是中国共产党为达到制度设计时所要达到的预期目标,在执行过程中所倚重的各种人力、物力、财力等资源的总称,它的有效供给直接影响着党内法规能否顺利执行。一旦资源供给出现问题或是供应链断裂,制度执行就会缺少有效支撑。因此,在党内法规执行过程中必须有充足的执行资源作保障。①

事实上，执行资源就是执行力系统运行的后勤保障。任何系统的运行都需要各方面的支持，执行力系统亦是如此。执行资源从大的方面来讲，主要包括两个方面：物质资源和非物质资源，统指在执行过程中所需要的人、财、物和信息、权力、技术等。具体而言，物质资源是指执行活动中必不可少的硬件资源，是执行活动赖以存在和进行的基础。其中，人力资源是最具活力的、最重要的资源要素。这里的人力资源不仅要有量，还要有质的要求和规定。光有量的简单堆积是不够的，如果能力素质、忠诚度、党性修养、理想信念等有所提高的话，也会提升执行活动的效果。所以，执行活动对人力资源的要求是非常高的。换句话说，就是执行活动有赖于思想觉悟比较高、能力素质比较强、各方面非常优秀的执行主体才能提高执行效率、达成满意的执行效果。除了人力资源这一基本能动要素外，财、物资源也很重要，是执行活动得以顺利进行的重要保证。因此，要提高制度执行力，必须要有充沛的财、物资源作后盾，否则一切都是奢谈。正如一句话说得好：钱不是万能的，但是没有钱却是万万不能的。然而，财、物资源也不是愈多愈好，只有在合理限度内对人、财、物资源实现优化配置，方能以最少的成本取得最大的收益，这也是提高执行力的一种表现。非物质资源是执行活动所必备的信息、权力和技术等软件资源。党内法规执行过程，光靠人、财、物等硬件资源是不足以保障执行效果的，还必须有一定的软件资源作为辅助和配合，才能达到预期效果。实质上党内法规执行的过程，是人、财、物之间的交流和互动的过程，是一个各种信息不断汇聚、不断交流、不断合成的复杂过程，是执行主体将分散行事的多方力量有机整合成统一力量的过程，也是通过各种先进技术和理念提高制度执行效益的过程。

（五）执行监督

执行监督指对执行力系统的总体运行及系统内部各要素的互动情况进行

---

① 王雅非：《十八大以来党内法规执行模式的创新研究》，兰州大学2018年硕士论文。

管理和调控，及时纠正执行偏差以确保系统发挥出预期的功能作用的过程。监督应该是全方位、无死角的360度监督，即对党内法规执行的总体情况、执行主体的执行行为、执行客体的遵循行为、执行资源的使用行为和执行环境的优劣等各方面进行监督。执行力系统是一个非常复杂的能量系统，作为一个有机的整体，其运行有赖于各要素环环相扣，但这种紧密联系确实也暗含着执行风险：执行中的偏差容易导致蝴蝶效应，些许的执行偏差可能导致执行效果的巨大落差，所以必须对制度执行进行全程监督。同时，执行监督应该遵循一定的原则，尽量避免对执行活动造成不必要的干扰甚至破坏，以保证执行效率和执行效益。

（六）执行环境

所谓执行环境，就是执行力系统各要素在执行过程中所处的情境。从政治生态学的角度来讲，执行力系统各要素不是彼此割裂的，也不是彼此孤立的，而是处在特定的社会环境和社会氛围之中，并与环境进行着能量的交互和转换，但不管能量如何交互与转换，总体上仍然保持着能量的守恒，从而保障了系统的持续运行和动态稳定。执行环境有利于执行活动的开展时，制度的执行就会比较顺利，执行力就会提高；反之，制度执行则会受阻，执行力就弱。

执行环境具有不稳定性和不确定性的特点，即人员的变动、环境的突变、政策的调整等，有时难以预测和准确把握情况的变化。同时，执行环境还兼具多样性特点，自然、政治、经济、文化、社会等都属于执行环境的范畴，这些都可能对执行活动产生一定的影响。虽然执行环境复杂多变，但不是完全不可把控。只要我们对环境有一定的认识和了解，对其进行客观的分析，了解环境对于执行活动的影响，并始终保持高度的敏感性，灵活应对、积极适应环境的变化，就能形成促进执行的良好环境氛围。如果再加上对执行主客体的引导和塑造，就会使执行活动更加顺畅。简言之，执行环境是指执行力系统各要素所处的境况，影响着执行力系统的有效运作和良性运转。执行环境不是一成不变的，而是始终处于不断的运动变化发展中。随着环境的不断变迁，就必须对执行力系统内的各要素进行动态的、科学的调整和调配，以保持自身与外界的能量守恒，这样不仅可以保障此系统得以正常运行，而且通过与内外环境的物质、信息、能量等的交换，无缝对接，获取源源不断的动力，从而推进系统的运转。

总之，通过以上对执行力系统各要素的分析，我们不难看出，党内法规执行有其内在的逻辑理路，其运行机理在于：执行主体在一定的执行环境下，在对执行制度充分理解和准确领会的基础上，在特定的执行氛围和执行文化中，充分利用现有的执行资源，通过一定的执行机制、手段和工具，在执行监督的规范下，最终目的是将制度落实到实践中，并作用于执行客体的过程。同时，这种执行行为又是在一定的执行环境中进行的，不可避免地受到环境的影响和执行监督的控制。在党内法规执行力系统运行过程中，系统各要素之间相互影响、相互作用，形成相应的作用力。为了使这些力能够形成合力，就必须使这些力朝同一个方向用功以形成力的合成，这种系统各要素的合力就是党的制度执行力。

三、党内法规执行应遵循的原则

党内法规执行系统虽错综复杂，但也并非无规律可循。通过对制度执行过程的分析，我们可以发现和总结制度执行的行为特征。把握这些特征并将其内化为制度执行应遵循的基本原则，对于提高党内法规执行力不无启示。

党内法规执行原则是指制度执行主体在执行过程中所应遵循的基本原理与准则，并用于指导实践。遵循基本原则，党内法规执行力才能更好地实现"靶向定点"，精准解决各类问题。事实上，原则就是规律性认知，是我们党在长期的革命、建设和改革实践中，对党内法规执行的一般规律的总结、提炼和升华。因此，在党内法规执行中我们必须尊重客观规律，掌握基本原则，以避免陷入误区、走入极端。

（一）忠实与灵活相统一的原则

在党内法规执行过程中，忠实执行是首要条件，离开了忠实执行，敷衍塞责、应付了事的现象就会发生，就会出现形式主义，制度就会变形走样。

因此，所有的制度执行都应建立在执行主客体对制度忠实执行的基础之上，一旦离开这一原则，制度执行就背离了初衷，就会出现打折扣、走过场的现象，有的可能会走向反面。所以，忠实执行就是对制度及制度制定者极度认同，并不折不扣地按照制度规定去执行的过程。①

也就是说，要忠实地执行制度，就要认真地学习和研究制度，彻底领会制度精神实质，真正内化于心，化为自身真正的信仰和自觉行为，这样在制度执行中才能恰如其分地将制度效能体现出来。

忠诚执行就是指贯彻落实政策时，始终做到不偏离、不附加、不作秀、不敷衍。"忠实于执行政策，应当是政策执行的第一原则，也是最重要的原则。"②党内法规的执行即是如此。党内法规凝结着集体智慧，是党的建设经验和规律的升华和结晶，背后是经验的积累和无数血淋淋的教训，这些党内法规不仅可以指导今后的各项工作，还可以避免重蹈覆辙，犯历史性错误。所以，制度能否得到忠诚执行着实重要，决定着制度能在多大程度上转化为教育、引导党组织和党员未来行动的有益参照。因而党的制度必须忠实地按照既定内容和形式执行下去，而不能有丝毫的懈怠和歪曲。

通常而言，忠诚执行的力度与执行成效成正相关，如果执行主体本着对党和国家、对事业高度负责的态度，始终坚定理想高于天的信念，就会克服一切制度执行中的困难和梗阻，就会一往无前，成效就会斐然。因此，不折不扣地忠诚执行党内法规，才能使其内含的优越性得到彰显；否则，制度执行就会大打折扣、流于形式。如果执行活动中存在"不忠实"，则会耗时耗力，导致效率低下。忠实执行之所以如此重要，还源于它关乎党内法规制定和执行机关的信誉和权威。信誉是一种软实力，是一股无形的力量，讲信誉的组织和个人具有超强的魅力，不言自威。能够凭借信誉使他人自觉相信并履行其承诺和行为，从而使其信誉得到加强。事实上，党内法规的制定是制定机关向全党作出的庄严承诺，执行主体只有忠实执行，才能履行承诺，党

---

① 胡国喜：《中国共产党制度执行力研究》，中共中央党校2013年博士论文。
② 王瑾、李雪：《我国公共政策及其执行力研究》，《法制与社会》2008年第3期。

内法规才会体现自身的价值；反之，则会使党员干部和民众对制定与执行机关产生怀疑和不满，从而使这两类机关的信誉受损，一旦信誉受损，需要付出更大的努力才能修复，这样的代价是非常大的。

在忠实执行的前提下，也应具体问题具体分析，不能盲目忠诚。一定要根据形势和任务的需要以及党情的复杂性和发展的动态性，及时对制度的可行性进行分析，对一些不切实际的制度规定进行及时调整，也可以根据实际情况及时调整执行方式和策略。尤其是对于中国共产党这样一个拥有9000多万党员、480多万个基层党组织的大党来说，不仅要求我们严格遵守制度规定，保持对制度的敬畏和认同，而且要在忠实于制度的基础上，根据形势发展采取多种科学、合法的方式灵活地执行制度，以确保制度有效地贯彻落实，而不拘泥于制度的表面规定。也就是说，灵活执行党内法规是忠实执行党内法规的另一种表现。

（二）自律与他律相统一的原则

制度强制执行属于他律，但这并不是制度制定的初衷，也不是制度运行的首要手段，主要还是靠自律。只有发自内心的自律，才能使制度执行更加顺畅。因为处于他律范畴的强制手段的运用，是迫不得已而为之，不仅会降低执行效率，而且会增加制度的执行成本，更会影响制度的执行效果。因此，制度要想得到满意的预期，就必须得到组织和成员的广泛心理和情感认同，这样才会形成"马不扬鞭自奋蹄"的强大力量，从而使成员自觉地遵守制度，形成自律。但是，这种自觉性不是天生的，而是靠后天养成的。党内法规为执行主体达成预期目标提供了依据和规范，理应得到行为主体的自觉遵守。党的制度是党组织和党员必须共同遵循的行为规范，具有普遍约束力，但这种约束力也不是自发形成的，是靠强制力作为保障的。即严格按照制度规范行事，任何人只要违反制度规定，不按规矩办事，就要受到惩戒。

问题在于部分执行主体可能存在机会主义行为。通俗地讲，机会主义行为就是一种损人利己的行为。新制度经济学家威廉姆森认为，这种损人利己的行为包含两类，一类是追求私利时附带损害他人利益，另一类是纯粹以损人利己为手段谋取私利。机会主义行为的出现可能会使社会陷入无序状态，给社会造成损失。这种行为导致老实人吃亏的后果，影响到社会的公平正义。因而，必须通过强制手段来抑制机会主义的产生和蔓延，从而营造风清气正的、公平正义的制度执行环境，激发执行主客体自觉遵守制度的思想自觉和行动自觉。自觉性是自律机制，强制性是他律机制。在当前的社会发展水平和公民道德水准下，光靠道德修养等方面的自律不足以形成制度执行的良好氛围。自律的养成离不开他律的保障，只有在自律基础上，通过他律的不断规范和约束，养成制度执行的良好习惯，才能形成全社会有序执行的良好氛围。因此，二者的有机统一是提高执行力的基本要求。

（三）榜样性和平等性相统一的原则

制度制定的初衷是为了更好地规范人的行为，由人来制定并执行，这就涉及制度执行过程中的一个要素：制度和人的关系问题。如果从更深层的角度进行剖析的话，就是制度和权力的关系问题。同样，党内法规执行亦是如此。因为领导干部是权力的拥有者，也是党内权力的行使者，故而党内法规与权力的关系直接体现为制度和领导干部的关系，这种关系又集中地表现为榜样性。即通过掌握权力的领导干部以身作则，发挥先锋模范作用，自觉遵守、模范践行党内法规和党的路线方针政策，自觉执行和服从制度，起到率先垂范的作用，从而为他人树立榜样，成为行动的楷模。榜样性最具体的表现就是要求别人做到的自己先要做到，要求别人不做的自己坚决不做。

正如2012年12月4日习近平总书记在中央政治局会议关于改进工作作风、密切联系群众的讲话中提到"八项规定"时所说的那样："新一届中央领导集体要定规矩，这（指《十八届中央政治局关于改进工作作风、密切联系群众的八项规定》）是很重要的规矩。没有规矩不成方圆。从我们在座各位做起来，新人新办法。""这个文件制定后，咱们率先垂范，然后层层制定、提出要求。"[①]习近平总书记的这句话是对全党、全国人民的庄严宣誓，实际上就起到了榜样的作用。领导干部的榜样性对普通党员有着重要的示范和引导作用，尤其是党的高级领导干部的榜样性更是旗帜、是引领、是方向标。

---

① 中共中央纪律检查委员会、中共中央文献研究室：《习近平关于严明党的纪律和规矩论述摘编》，中央文献出版社、中国方正出版社2016年版，第51页。

党的十八大以来，正风肃纪取得了举世公认的显著成效，党和人民旧貌换新颜。一条基本经验，就是中共中央领导以身作则、以上率下，言必行、行必果，说到做到，彰显了超强的执行力和示范引领效应。正是这种自上而下的主动作为、积极姿态所形成的榜样力量，形成了执行"八项规定"的强大舆论场，从而有力地促进了党风、政风、民风持续向善向好的转变。

平等性则是指制度设计应该符合绝大多数人的利益诉求，且制度面前人人平等，任何人没有特权，也没有例外。应该说，榜样性是在倡导平等性的基础上，领导干部对自身严格要求，提出了比常人更高、更严格的规范，同时这一要求又是平等性的最佳体现。正如马克思所指出的："没有无义务的权利，也没有无权利的义务。"权责利必须是对等的，能量必须守恒。也就是说，领导干部掌握权力的大小应该与所承担的任务和肩负的责任成正相关，权力有多大、责任就有多大。这样才是真正意义上的平等。所以，领导干部不能将手中掌握的权力当成以权谋私的工具，也不能滥用手中的权力，对制度进行曲解误读，搞实用主义或是功利主义那一套。而是要思考，如何更好地执行党的政策，给人民群众带来福祉。总之，榜样性和平等性的统一原则，为制度的有效执行提供了基本遵循。这一原则不仅为制度执行明确了权责利关系，对党员干部提出了更高要求，而且对于培育和发展公平的制度环境也是意义深远的，同时对于提高党内法规执行力也起到了很好的促进作用。

（四）公开性与保密性相结合的原则

20世纪80年代末，我国一些地方开展了政务公开试点，到目前为止，可谓成效明显。政务公开是伴随我国改革发展历程不断完善的一项重要制度。但与政务公开相比，党务公开却明显滞后。党务工作存在明显的神秘化色彩，党内信息相对封闭。为了更好地应对信息社会的去神秘化和公开透明化的挑战，推进党务公开已经到了刻不容缓的地步。针对这种情况，2016年11月2日，中共中央颁布了修订的《关于新形势下党内政治生活的若干准则》，文件指出："推进党务公开，发展和用好党务公开新形式，使党员更好了解和参与党内事务。"2017年11月30日，中共中央针对现实情况和存在的问题，又制定和颁布了《中国共产党党务公开条例（试行）》。这里的党务其实就包括党内法规。只有党内事务进一步公开透明，所有的党员都对党内法规清楚知悉后，才能更好地执行党内法规。正如列宁所指出的那样："没有公开性而谈民主制是很可笑的，并且这种公开性还要不局限于对本组织的成员。"①列宁把党务公开视为党内民主的生命和必要条件。同时，党务公开是消灭病菌的阳光，也是防小偷的长明路灯。党内法规作为党务的重要组成部分，理应公开和去神秘化，并予以高度重视。

公开透明原则是指执行主体在执行党内法规过程中，通过新闻发布、文件、网络等形式和专门的平台，将执行时间、地点、程序、结论等信息对全体党员及普通群众公开，以保障民众基本的知情权。但是，我们倡导公开原则，不是事事全部公开，而是在一定范围和程度上的公开。事实上，由于缺乏明确的制度规定，党务公开在实际操作中不尽如人意，党务公开与保守党的秘密之间的界限尚需进一步厘清。有的以保密为由，使党务公开大打折扣；有的则以公开为名，使党的重要机密泄漏。目前，在推进党务公开过程中，中共中央和地方都把保密作为推进党务公开的基本原则提出来，这不仅符合党章的要求，也契合循序渐进、积极稳妥推进党务公开的现实需要。

但当前的问题在于，由于缺乏明确具体的规定，各地对党务公开比较审慎，普遍态度是就高不就低，往往人为地提高保密等级和扩大保密范围，导致党内信息公开不足，保密范围扩大和保密程度过重，损害了党内成员应有的知情权。对某省党委办公厅系统定密情况的调研结果显示，该系统在一年之内所确定的秘密事项准确率只有30%左右，在定为秘密的内容中有70%左右是可以在一定范围公开的。例如，从原则上来说，执政党的各级党代会代表名单应当是公开的，但是大多数仍然处于保密状态，有的被确定为机密级。如此这般，党代表的行为就不能被有效监督，先锋模范作用的发挥也会大打折扣。因此，党务公开如何进行，如何去神秘化，以保障党员的知情权的实现，就成为摆在我们党面前的一个亟待解决的问题。党内法规作为党务公开的重要内容，在一定程度上也存在着此类问题。积极稳妥地对党内法规

---

① 《列宁全集》（第六卷），人民出版社1986年版，第161页。

进行宣传教育，让所有党员干部有基本的知情权，这是党内法规执行的前提和基础。

党内法规的公开和普及，一是可以使执行主体有基本的遵循，为党内法规的执行奠定基本前提。二是可以对执行主体进行有效的监督，减少"潜规则"和利益交换等违规行为的发生，从而敦促其改正不当行为，正确行使权力，提高行为的规范性和透明度，保障"权力在阳光下运行"。三是有利于执行客体行使民主权利，合理维权。即党组织或党员如果对结论不服，可以通过正常渠道提出申诉，从而维护自身合法权益，充分保障党员的主体地位。四是公开透明地执行党内法规不仅能让党员干部和普通群众感受到纪律的严明，也能让他们感受到公平正义。对他们而言，这本身就是一种无形的、无言的教育。在这种润物无声的教育中，形成遵规守法的良好意识和社会氛围。

需要注意的是，坚持公开透明原则要求执行主体一定不要侵犯执行客体的隐私，要对执行客体的个人信息绝对保密，这本身也是对执行主体的一条基本的纪律要求。因此，我们要不断探索和完善党内法规进一步公开的机制，明确公开的具体标准、范围程度、方式方法和责任界限等，防止公开透明原则被曲解和滥用。而在实际执行党内法规过程中，如何妥善处理知情权与隐私权的关系，也需要不断探索有效的解决之道。

（五）效率性与公平性相统一的原则

因为有些制度具有很强的时效性，制度执行不能拖拖拉拉、应付了事，而要提高效率，否则效果会大打折扣。即便制度没有时效性，如果执行过程被无限延长的话，不仅可能造成执行偏差，而且也容易增加执行成本。所以提高制度执行效率，不仅需要执行主客体充分认识制度本身及执行的重要性，强化制度意识，而且还需要从制度设计上考虑其是否科学、可行，也需要不断对制度执行程序进行优化，减少程序烦琐、低效无序现象的发生。尤其是对于一项经过广泛调研论证后刚出台的制度来说，高效执行显得更为重要。因为从我们党的制度执行史来看，一般比较成功的制度执行，都是在刚刚开始的时候就有效地集中了各种社会资源、人力资源、财力资源等，从而形成整体合力，推进和保障制度的迅速有效执行，制度的成效也是立竿见影的。正是这种高效执行所产生的巨大效能，在民众中达成普遍共识和认同，从而促使制度更加有效地高效循环、有序运行。这种态势所形成的舆论场，被无限传播和扩大，新制度得以广泛执行，制度权威有效彰显。而当人们普遍形成制度执行的良好习惯后，制度执行就顺理成章地进入了常态化轨道，这也是制度执行的一般规律。比如，党的十八大之后，中共中央出台"八项规定"，自实施以来，中共中央领导以身作则，以上率下，全党全社会迅速掀起贯彻落实"八项规定"的热潮，党风、政风、民风持续向好，遵守"八项规定"也是蔚然成风，且收到了明显的成效。此外，我们在制度执行中还应该注意一点，如果片面地强调效率，而不是强调制度执行本身的内在逻辑和程序规定，也容易犯错误。因此，我们应该在合理的制度和程序框架下提高效率，以免因过度追求速度而导致短、平、快现象的发生，反而影响成效。

在党内法规的执行中，效率问题确实非常重要。注重效率原则是在国家和社会治理过程中必须秉承的基本价值追求。这就要求我们以"低投入、高产出"的心态面对制度执行，意即尽可能迅速地以更少的资源投入产生尽可能大的执行效果。这需要事先对制度运行进行效果评估和必要的可行性分析，掌握执行的基本程序、核心要素和关键环节，科学合理地设置执行的基本程序，缩减不必要的、冗长拖沓的执行环节，提高执行的灵活性。同时，注重效率原则和公平原则，这就要求执行主体在执行制度的过程中，不仅要强调反应的迅捷有力，始终做到不推诿，而且要始终保持一颗公心。[①]如果能够将制度执行的灵活性和原则性有机结合、高效运用的话，党的制度执行力会收到意想不到的执行效果。

四、党内法规执行力发挥作用的理论基础和内在机理

当前，在我国的政党体制下，中国共产党作为执政党，党内法规不仅

[①] 孙振鹏：《中国共产党党内法规制度执行力研究》，中共中央党校2017年硕士论文。

影响政党治理，而且影响到社会治理和国家治理，涉及面广，影响广泛，需要全党和全社会共同参与、积极协作才能完成。同时，党内法规执行过程不是孤立存在的，而是一个涉及多方面、多部门共同参与和配合的有机整体，执行过程必须符合一定的规律，而且承接着特定的功能，是一项烦琐的系统工程。

研究党内法规执行力，我们应该将其放到一个宏观视野中去审视，也应该对各要素进行综合考量和评价。比如，执行主体的执行动机、预期目标和行为特征分别是什么？如何通过发挥执行主体的积极性促进党内法规执行力系统的有效运行？在党内法规执行过程中，各执行主体应该持有何种信念和态度？他们的行为动机和目的是什么？如何在实践运行中全面提升党内法规执行力？为了更好地提升执行力，又必须采取何种行动以保障执行效能？马克思主义人性论、利益论、系统论及党员主体地位理论分别从不同的视角和维度进行了理论支撑，是进行党内法规执行力研究的直接理论基础。

（一）马克思主义人性论

人性是人类历史上永恒的，且常谈常新的话题。每个时代的思想家都从各自的立场和视角出发阐释人性，形成了反映时代精神和特色的人性论。人性论对人类社会的发展起着极为重要的影响。古今中外思想家对这个问题可以说是仁者见仁、智者见智。马克思说过："应用到人身上来，如果要按效用原理来判断人的一切行为、运动、关系等，也首先要广泛地研究一下人的本性，然后研究一下各个时期曾经历史的发生过变化的人的本性。"[1]马克思这里所说的"人的本性"即人性。

马克思从实践的角度看人性，把人性归结为劳动的产物，即"自由自觉的活动"。人性善恶只是表象，不是人的本质，只有在实践中体会和把握人性才能抓住本质。人性善恶寓于社会存在，要揭示人性善恶，就必须揭示社会存在，即社会实践。[2]

马克思主义人性论认为，善和恶作为评价的两个基本标准，由于评判

---

[1] 《资本论》第一卷，人民出版社1963年版，第669页。

[2] 曾钊新：《人性论》，中南工业大学出版社1988年版，第1页。

主客体不同、立场不同,其结论必然千差万别。前提是弄清楚人性本身是什么。马克思主义认为,人来自自然,在自然界中不断发展,并在不断的交往中形成了人与人之间的关系,进而形成人类社会,因而人性兼具自然性和社会性特征,是二者的统一,其中社会性是人的本质属性,是矛盾的主要方面。正如马克思在《关于费尔巴哈的提纲》中所说的那样:"人的本质不是单个人所固有的抽象物,在其现实性上,它是一切社会关系的总和。"①自然性是人的本能属性,决定了人在本能上是利己的,但社会属性又决定了只有利他才能真正利己。在社会性的影响和渗透下,人的需要也是分层次的,比如马斯洛创造的"生理需求、安全需求、社交需求、尊重需求和自我实现需求"的需要层次论。因此,人性是非常复杂的概念界定,绝不是一个简单的善或恶所能概括。

马克思主义人性论启示我们:当今,我们进行法规制度建设,要进行全方位考量,不能拘泥于一时一事,也不能拘泥于某个观点,应该具体、全面地考虑问题。我们既要通过制度建设,尤其是惩罚诫勉制度的丰富和完善,来防止恶行的发生,也要通过正向激励、督促、引导,激发正能量,大力鼓励善行义举,使人更能积极主动地向善、向美。

(二)马克思主义利益论

马克思指出:"人们为之奋斗的一切,都同他们的利益有关。"②即利益是核心要素。分析一切事物,只有站在利益的角度去分析和权衡,才能了解和透视整个人类社会的发展,才能准确把握人们的思想行为的根本动因,才能找到解决现实问题的钥匙。在当今社会,市场经济飞速发展,商品经济日益发达,人们对个人利益的角逐和追求已成为常态。忽视和无视人们的利益追求是唯心的,也是不现实的。邓小平同志也这样说道:"不讲多劳多得,不重视物质利益,对少数先进分子可以,对广大群众不行,一段时间可以,长期不行。"③习近平总书记说道:"人民对美好生活的向往,就是我们的奋

---

① 《马克思恩格斯选集》第1卷,人民出版社2012年版,第135页。
② 《马克思恩格斯全集》第1卷,人民出版社1956年版,第82页。
③ 《邓小平文选》第2卷,人民出版社1994年版,第146页。

斗目标。"①这里谈到的"美好生活",就是广大人民的根本利益所在。习近平还强调:"凡是群众反映强烈的问题都严肃认真对待,凡是损害群众利益的行为都坚决纠正,推动全面从严治党向基层延伸,切实增强人民群众获得感。"②新冠肺炎疫情爆发以来,习近平总书记更是把人民的生命健康放在至高无上的地位,集全国人力、物力、财力驰援武汉,体现了社会主义制度集中力量办大事的优势,也体现了党中央对人民利益的高度重视和充分尊重,体现了"人民至上"的基本理念。

但是,众所周知,随着改革开放和市场经济的不断发展,各种利益相互交织,而且出现了资源占有的不平等,不可避免地产生了利益冲突。如果利益冲突不能有效化解,极有可能引发社会冲突,而如果社会冲突得不到及时解决和有效控制,就会出现我们所不愿意看到的后果。因此,防止利益冲突制度被引入反腐败领域,成为解决社会矛盾和冲突的主要方式和重要举措。

今天,我们要自觉地以科学理论为指导,尤其是以马克思主义利益论为指南,通过全面深化政治、经济等方面的改革,不断为社会发展提供源源不断的动力,同时顺应形势发展进行制度完善和创新,进行利益的协调和调整,创造性或是突破性地解决利益矛盾和冲突问题,既要有效防止权力运行中的利益诱使,又要防止公务行为受公共利益之外的其他因素影响,保证权为民所用,利为民所谋,决不能使权力异化,使其成为攫取钱财或是谋取私利的工具。同时,我们也要充分考虑党员个人的利益诉求,尽可能满足他们的合理之需。共产党人强调党性,但不能否认个人合法、合理的利益诉求,只有这样,才能真正调动他们的积极性,筑牢廉洁奉公的基础。

(三)马克思主义系统论

系统性问题涉及面广,关系复杂,需要具备系统思维和系统观念。系统论实际上是系统内部各要素之间相互影响和作用,朝着一个方向做功和发力,形成合力,从而发挥系统整体效能和最大效用的问题。党内法规执行不是单

---

① 《十八大以来重要文献选编》(上),中央文献出版社2014年版,第70页。
② 《习近平关于党风廉政建设和反腐败斗争论述摘编》,中国方正出版社2015年版,第6页。

靠一个部门就能完成的，靠的是多部门的协同配合，党内法规执行作为一个涉及多部门、多层面的系统联动的过程，是一个非常庞杂的体系。既然党内法规执行是一个系统性问题，我们就必须掌握系统理论，通过各种要素的有效整合和发挥作用，使党的制度体系产生最佳效能。这样不仅可以为党内法规执行力问题研究提供一个科学的理论分析框架，而且还可以对提高党内法规执行力提供基本的方法论指导和理论依据。

1. 系统论为党内法规建设提供了一个宏观的思维视野和理论框架

唯物辩证法告诉我们，世界不是孤立存在的，万事万物都处在普遍的联系之中。而事物之间的联系又不是无序的、杂乱无章的，而是有一定的客观规律的。规律本质上也是不同方面、领域之间互相联动、互相作用的有机系统。唯物辩证法和系统理论启示我们，在党内法规建设中或是执行中遇到问题时，不能头痛医头、脚痛医脚，这样是治标不治本的，应该找到问题的梗阻，然后对症下药，方能见效。对制度千万不能进行打补丁式的修修补补，这样表面上好像很光鲜，但是却不能解决实际问题。我们要从全局和整体的角度去进行系统构建和考量，以战略思维和全局视野，从中央层面对制度建设进行通盘考虑，实行顶层设计，建立科学的党内法规体系，科学设计党内法规建设的整体思路，努力把握制度建设的基本方向、关键环节、重点领域、任务分配、先后顺序等，同时注意制度设计的科学化、民主化，力争使其具有可操作性。这就要求我们要努力把握和遵循规律，对党内法规执行力的构成要素进行统筹，然后有计划、有步骤地加以实施，以提升执行力的效力。可以说，2014年8月29日颁布的《深化党的建设制度改革实施方案》，就是利用系统论进行顶层设计的最好例证。如今，我们的制度建设正在有条不紊地向前推进。

2. 系统论为探索党内法规执行力系统执行不畅的原因拓展了思维视野

系统不是单个的构成，而是一个涉及多要素交互作用的有机整体。所以，系统论为研究提供了基本的分析思路。系统论认为，任何政党和组织都是一个集合，是各要素互相影响、互相作用的复杂系统，既然是合作系统，就必然涉及多方面、多因素，关键是，各要素或是行为主体有无协作的意愿。如果大家目标一致，就会向着共同的目标努力奋进，在合作中，系统各要素为了更好地达到预期的和共设的目标，必然保持必要的信息联系等，以及时沟通有无，促进目标的早日实现。

这一理论告诉我们，一些党内法规执行力之所以低下，有以下几个原因：一是执行主客体缺乏彼此合作的意愿，从内心抵触或是阻抗。试想，如果这样的话，制度执行出现"走样""变形"等现象也就不足为奇了。二是缺乏共同的目标。执行主客体都从各自的利益出发考虑问题，更多地考虑"小我"，没有从全局利益出发，因此制定的制度缺乏共同的思想基础和利益契合，在执行时阻力重重。三是执行主客体和各要素之间缺乏必要的信息沟通，没有达成对制度的认同，因此执行时缺乏思想上的能动性和一致性。即使执行制度，一旦出了问题，也不能对制度执行中出现的问题进行沟通协调，进而导致矛盾冲突越演越烈，所以及时沟通解决问题很重要。诸如此类，都是造成当前一些党的制度执行力出现问题的诱因。

深入探析和研究党内法规执行力问题的深层次问题，探究根源所在，旨在对症下药、解决问题。首先，系统理论要求我们处理问题必须有全局观念和系统观念，有大局意识和合作意识，对党内法规及其执行的各要素进行全面考察，才有可能找出症结，然后对症下药，以切实提高党的制度执行力。

其次，系统理论为提高党内法规执行力提供了基本的方法论指导。党内法规执行力不是独立存在的，也不是各要素的胡乱堆积，而是一个涉及制度、环境、人、行为要素的复杂和有机整体，需要我们认真审视和对待。我们应该对涉及党内法规执行力的各要素进行统筹安排、通盘考虑，分析各要素的利弊，扬长避短，将其作用发挥到极致，而不能孤立片面地去看待某个部分，更不能"断章取义"。要运用系统联动的分析方法，动态地看待每个要素的发展变化情况，绝对不能采用简单静止的分析方法，否则，将不可能揭示党的制度执行的本质和规律。

第三，系统论为如何更好提高党内法规执行力提供了基本的思路。系统论认为，系统的整体功能取决于各系统要素的相互联系，以及各部分功能的有效发挥，而不是简单地等于各子系统之和，这一思路为提高党的制度执行力提供了基本的运行思路。也就是说，党内法规的总体执行力，是党内法规执行力系统各要素共同作用后形成的合力，并不是各要素的简单相加，而是各构成要素相互作用的结果。如果各要素合理搭配、配合有力，彼此相互融合，且融会贯通、相互促进，就有可能形成党的制度执行的整体合力。建立健全党的制度体系，完善各部分的要素构成，切实提高党的制度执行的整体效能和制度预期，就是要不断提高党的制度建设的质量。在此基础上，积极调动执行主客体的能动性、营造良好的制度执行的文化环境、加强对制度执行的有效监督等，使党内法规执行力系统动力十足、协调配合、内外联动，从而实现党的制度的良性、顺畅和高效运行、有序发展。①

（四）党员主体地位理论

党员主体地位问题备受关注，一直是党建领域的焦点问题，也是党的建设中亟须解决的重大而紧迫的现实课题。马克思、恩格斯虽然没有提出"党员主体地位"理论，但他们所创立的党内民主制度却为确立党员主体地位进行了实践探索，也奠定了坚实的基础。列宁在长期的革命实践中，对党内民主进行了初步的尝试，通过不懈地实践探索取得了宝贵经验，使党内民主理论进一步丰富完善。在中国共产党的历史上，我们党也一直重视党员作用的发挥，并在实践中对如何发挥党员作用进行了探索。虽然建党之初并没有明确提出"党员主体地位"思想，但当时我们党处在那样一个恶劣的环境下，人数又少，如何最大限度地发挥每个党员的作用，就成为我们党着重研究和解决的问题。因此，在革命实践中的探索就成为今天党员主体地位理论和实践研究的基本依据。

学者郭亚丁从八个方面对这一思想进行了概括。主要包括：民主建党原则、党内的民主选举制度、党员作用发挥的组织载体、党员一律平等思想、党员主体地位的保障形式、少数服从多数的党内组织原则、强调党员必须认真履行权利和义务、党员要直接参与的思想。其中党员要直接参与和党员主体地位的保障形式思想，对我们今天研究党内法规执行力有一定的借鉴和启

---

① 李娣：《党的制度执行力研究》，福建师范大学2010年硕士论文。

发意义。

党员直接参与的思想。列宁指出:"党内的一切事务由全体党员直接或者通过代表,在一律平等和毫无例外的条件下来处理;并且,党的负责人员、所有领导成员、所有机构都是选举产生的,必须向党员报告工作,并可以撤换。"[①]他还强调:"应该努力做到对代表大会的决定进行最广泛的讨论,应该要求全体党员以十分自觉的、批判的态度对待这些决定。"[②]党员只有广泛而直接地参与党内事务,才能更好地发挥党员的主体作用。参与党内事务,党员必须作为独立的行为主体和参与主体,一定要体现党员的主体地位。党员参与权是党员行使民主权利、发挥主体作用的关键环节。

党的十九大之后,我们党更加开放、民主、透明、自信,中共中央就党务公开工作出台了一部专门法规——《中国共产党党务公开工作条例(试行)》,这对进一步落实党员知情权具有重要意义。因为党员只有具备了知情权,参与权、监督权等才会成为可能。因此,这一条例的出台,对于进一步发挥党员的主体作用、加强党内监督和提高党的领导水平具有十分重要的现实意义。党的十九大党章也明确规定:"党的各级组织要按规定实行党务公开,使党员对党内事务有更多的了解和参与。"这不仅是党章对党员基本权利的规定,也是党员应该享有的一项基本权利。

党内法规的执行过程,实质上就是党员干部有效参与到党内法规执行中,并行使参与权的过程。如果党员干部充分发挥主体作用,党内法规就能执行顺利,否则,就会受阻。这就要求党组织充分尊重党员的主体地位,把他们的积极性充分地调动起来。广大党员干部一是要不断地树立主人翁意识,自觉加强党性修养,坚定理想信念,严格遵守党的纪律,积极践行和参与到党内法规执行中去;二是要努力总结党内法规执行的基本经验教训,并针对当前执行力弱化的问题提出有针对性的改革建议;三是要成为提高党内法规执行力的监督主体。这里谈到的监督是全方位的监督,既包括自上而下的监督,也包括自下而上的监督,既包括同级间的监督,也包括党员间的相

---

① 《列宁全集》第14卷,人民出版社1998年版,第249页。
② 《列宁全集》第13卷,人民出版社1972年版,第62页。

互监督、党外对党内的监督等。在党内法规执行过程中，执行主体也要秉承着监督主体的执行理念，对执行中出现的偏差进行纠正和制止，以有利于制度更好地执行。①

保障党员主体地位实现的基本形式。1892年9月，恩格斯在写给考茨基的信中强调："拥有几百万人的党，其纪律同只有几百人的小宗派是完全不同的。"②尤其是建议党"应当坚持每年召开一次党代表大会""让全党哪怕一年一次发表自己意见的机会，一般说来也是重要的"③。恩格斯的这一思想对于我们今天进行党内民主建设仍然具有十分重要的意义。实践证明，党代表大会制度这一制度安排，可以更加有效地发挥党员的主体意志。④同时，这一思想对于今天在国家治理体系和治理能力现代化视阈下研究如何提升党内法规执行力问题，也是具有启发意义的。这里涉及执行主、客体两个方面，这两个方面是两个最为能动的因素，他们的主观能动性、参与度、理解和接受程度等都会对执行成效构成影响。因此，应该通过学习培训、思想教育、激励约束机制的构建，充分激发他们的参与热情和积极性，让他们积极参与其中，为党内法规更好地贯彻落实献计献策，贡献聪明才智。

---

① 周贤龙：《党员主体地位的"五种体现"》，中国共产党新闻网2008年8月14日。
② 《马克思恩格斯全集》第38卷，人民出版社1972年版，第435页。
③ 《马克思恩格斯全集》第38卷，人民出版社1972年版，第435页。
④ 郭亚丁：《党员主体地位的理论依据》，《党员生活（武汉）》2008年第2期。

第二章　中国共产党党内法规执行的历史探索与经验总结

在党的百年历程中，党内法规始终与中国革命、建设和改革事业相伴相随，且发挥着巨大效用。对党内法规建设和执行历程进行总结归纳，从历史纵深中总结制度建设的基本经验，得出些许启示，为站在新的历史起点上更好地推动党内法规建设和执行上水平、开新局，是我们义不容辞的责任。

事实上，党内法规执行力研究内涵丰富，不仅涵盖理论层面的制度设计，也包括实践层面的具体操作和实施。二者相互联系，彼此影响，互为作用。前一章我们已经搭建了关于党内法规执行力的一个基本的分析框架，接下来，我们就在这一理论框架下，系统考察党内法规的执行轨迹。

第一节　党内法规执行的历史考察

100年来，党内法规在政党治理和国家治理中发挥着巨大作用，不管是革命、建设还是改革实践都是如此。实际上，整个过程中，我们党始终面临着党内法规的制定和执行问题，尤其是由于现实制度执行中一些问题的出现，更是让制度执行问题备受关注。我们如何全面审慎地看待这个问题，同时用宽广的视野、历史的视角、科学的精神、全新的态度对我们党100年的制度执行史进行认真细致的梳理，从看似杂乱无章的史料中整理、剥离或是提炼出党内法规执行的清晰的历史脉络，从中探求科学发展规律，尤其是对当前我们党制度建设及其执行力提升方面提供些许借鉴和启示，成为摆在我们面前的一项重要而紧迫的课题。正如美国学者库恩所说的那样："我们如果把历史不仅仅看成是一堆轶事和年表，就会根本改变今天仍然支配我们头脑的关于科学的形象。从前形成这样一个形象，也包括科学家自己所形成的，主要是由于学习已有科学成就的结果。"①这句话启示我们，在纷繁复杂的历史事件中去分析、总结、研判，回顾过往，是为了更好地回应当下，为我们党科学执政、民主执政、依法执政提供借鉴。

对党内法规执行史进行系统考察、梳理，并在此基础上进行科学分析，是一个非常复杂的系统工程。我们应该抱着科学、严谨的态度，以尊重史实为基础，客观公正地进行研判。同时，我们还要坚持理论思维和历史逻辑，从时代的风云变幻中穿越历史，将自己置身于历史的波涛云涌中去，从而细细品味我们党的历史和制度发展的脉络，从中探寻规律性认知，这是写作本书的一个重要原因所在。本章在整理历史资料和文献的基础上进行总结、提炼，将中国共产党党内法规执行史划分为以下几个时期。

一、党内法规初步探索与实践阶段（1921—1949年）

整个新民主革命时期，中国共产党作为革命党，从1921年诞生到后来的不断发展壮大，可谓久经磨难。这一时期，我们党承担着非常繁重和艰巨的民主革命任务，要想赢得这场斗争的胜利，提升党的战斗力和凝聚力至关重要。因为在当时我们党的人数少、力量弱，只有凝心聚力、众志成城，才能适应当时极其复杂的革命环境，如果一盘散沙，我们党就随时面临着失败的巨大风险。因此，如何凝心聚力，就成为摆在我们党面前的一项重要而紧迫的课题。当时，主要的做法就是制定党内法规，以不断加强组织纪律性。而整个新民主革命时期，正是因为有了严格的纪律，我们党才能从小到大，由弱到强，取得了中国革命的胜利。这一时期党内法规建设基本上处于初步探索阶段。为了适应严酷的革命形势和任务发展的需要，我们党不断出台相应的法规制度，基本上形成了党的制度体系的基本框架。

---

① ［美］库恩著，李宝恒、纪树立译：《科学革命的结构》，上海科学技术出版社1980年版，第1页。

（一）党内法规框架初具雏形

中国共产党是无产阶级政党。可以说，从我们党成立之初，就十分注重党的纪律建设。早在1920年9月，当时我们党还未建立，在苏联学习的蔡和森就根据对苏联的了解和认识，写信给毛泽东，传达了中国要向俄国学习，建立共产党，实行无产阶级专政，而且我们党必须实行"铁的纪律"的思想。

1921年，以《中国共产党第一个纲领》的诞生为标志，党内法规的雏形已然建立。大革命时期和土地革命战争时期，我们党又相继出台了正式的党章和其他党内纪律规范，说明我们党在党内制度建设上进行了初步尝试，迈出了第一步。虽然我们制定了一些党内法规，但总体上来看，我们仍然处于初步探索实践阶段。抗日战争时期和解放战争时期，由于党的领导地位的不断确立，党的力量的不断发展壮大，党内法规在原有基础上有了一定程度的发展。

这一时期，从党所处的历史方位来看，我们党兼具革命党和局部执政的政党的双重特征。因而，党内法规建设在双重政党属性的映衬下，具有了特殊的意义。作为革命党，我们如何有效地对全国各级党组织和党员干部进行规范约束，全国一盘棋，步调一致地开展党的各项工作，就显得非常重要。从1921年《中国共产党的第一个纲领》的制定开始，我们党在实践的摸爬滚打和血腥斗争中进行不懈探索，逐步摸索出通过党内的制度设计不断规范和调整各级党组织和党员干部行为的成功经验。可以说，在当时极端恶劣的战争环境下，这些制度的出台意义非凡。不仅满足了革命形势发展的需要，而且在一定程度上通过制度的规范保护了我们的同志。这一时期，由于革命形势风起云涌、异常严峻，我们党作为革命党，又长期处于地下状态，所以，党内法规也不可避免地带有当时的时代特色，需要严格地做好保密工作。

以上是作为革命党而言，同时，我们党又是局部执政的政党，因此党的制度建设又具有执政的特色。众所周知，1949年新中国成立后，我们党成为执政党，执掌了全国政权。但事实上，我们党早在土地革命战争时期就开始了局部执政的探索和实践。1927年11月，毛泽东在湘赣边界领导游击战争时，就建立了第一个县级政权——茶陵县工农兵政府。1928年5月，建立了湘赣边界苏维埃政府。随着革命形势的不断发展壮大，各红色区域逐渐建立起共产党领导的红色政权。[①]1931年11月，江西瑞金中华苏维埃共和国成立了，这是当时我们党最大规模的根据地政权。在严酷的斗争环境中，一方面为了有效开展对敌斗争，我们通过思想教育以及土地制度改革，给广大群众以最大实惠，最大限度地发扬民主，争取更多群众的支持；另一方面与民主相对应的就是法制建设问题。因为没有一定的法规制度进行规范，社会是不能良性运转的，局部执政环境也是如此。因此当时的红色政权针对当时的执政环境，制定了基本的法律和党内法规，有了比较粗糙但在当时管用的具体的条文，且体现了很好的执行力。抗日战争时期，我们建立了"三三制"的抗日民主政权。与土地革命战争时期相比，抗日根据地的法律和党内法规不断出台，另外还有我们一元化领导体制的不断完善，克服了党政不分、党委包办一切的弊端。此外，我们一是建立了民主集中制指导下的权力约束机制，防止了权力的滥用。二是建立了广泛的监督制约机制。监督是多方面、全方位的，既包括共产党内部的监督、参议会的监督、政府系统内部的监督，还有来自人民的监督、舆论的监督。三是建立了思想教育和制度防范相结合的预防机制，不仅打牢了思想基础，还有效地防范了职务犯罪。四是建立了一支合格的党员干部队伍，建立了制度执行的组织保障。这些都为我们今天研究党内法规执行提供了宝贵经验和基本思路。

民主革命时期，我们党正是以党章为基点，全面规划党的各方面制度建设。特别是党的六届六中全会强调：要制定较为具体完备的党内法规来适应革命形势日益发展的需要，以解决现实层面出现的一系列问题。由此，我们党不断加强制度建设，逐步形成了以党章为基准，以民主集中制原则为指导的党内法规体系雏形。当然，这个时期为了应对形势发展需要，我们党也形成了较多的不成文的非正式制度，比如，"三大纪律、八项注意""两个务必"和"六条规定"等，都承载着那个时期制度建设的历史印迹。可以这样说，这个时期我们党对制度的探索基本涵盖了党的制度

[①] 高新民、农华西：《论党的领导方式和执政方式》，广西人民出版社2003年版，第76页。

建设的各个领域，初具党的制度框架的雏形，为党的制度执行提供了制度实体。

但同时，我们也必须清醒地认识到，由于我们当时处于实践探索阶段，没有可资借鉴的经验，"所以党内法规制定存在着体系化不足、稳定性不强、规范性差的特点"[①]。尽管如此，党内法规的执行却是比较顺利的，党员个体对党的忠诚度和信仰度比较高。这固然与党当时所处的恶劣环境有关，但从另一个方面也反映出，党内法规在党员的教育、引导、约束、管理等方面确实发挥着极其重要的作用。

（二）对如何执行制度的探索

这一时期，党对制度执行进行了不懈的探索。党内法规执行是一个多要素组成的有机系统，系统的良性运转需要各要素之间的通力配合。在此阶段，党的制度建设理论虽然尚处初创阶段，还未形成体系，但在制度执行实践中却进行了一定的探索，很好地发挥了执行系统中各要素的作用。早在建党初期，党就认识到制度执行的重要性，并制定了一系列制度来规范党内政治生活。比如，在机构运行方面，我们党制定了"定期会议制度""支部工作制度""工作报告制度""监察制度"等，特别是将民主集中制确立为我们党的根本组织原则。[②]我们将各级党组织称为"执行委员会"[③]。可见，党对制度的执行多么地重视。同时，对于所制定的各种章程，一再强调，各级组织"望依新章从速进行"。

当时我们党尚处幼年时期，党的制度建设虽然取得了可喜的成果，但是由于没有可资借鉴的经验，党内法规制定的质量不高，有的规定比较原则和宏观，缺乏可操作性，权威性也大打折扣，导致党内政治生活中出现了陈独秀

---

① 王振民、施新州：《中国共产党党内法规研究》，人民出版社2016年版，第28页。

② 周敬青：《中外执政党制度建设论纲》，中共中央党校出版社2005年版，第12页。

③ 中央档案馆编：《中共中央文件选集》（第一册），中共中央党校出版社1989年版，第4页。

的家长制和王明的"左"倾教条主义错误,给党的事业造成了不小的损失。同时,这个时期很多制度执行也不尽人意,一些议决案得不到贯彻实行,中共中央如此,地方亦然。究其原因,除了革命形势严峻外,就是各级负责同志对执行议决案不重视。我们党逐渐认识到,"倘若扩大执行委员会关于组织问题的议决案不能实际地实行,则吾党决不能前进"①。其最好的解决办法是:"从中央以至地方的领导机关,应制定一种党规,把它当作党的法纪之一部分。一经制定之后,就应不折不扣地实行起来。"②

以遵义会议为转折点,随着确立以毛泽东为核心的党中央的正确领导,党的制度建设逐步推进,执行方面的偏差也逐渐被纠正。在全面总结经验教训的基础上,我们党对制度进行系统、全面的审视,更加重视制度建设。按照民主集中制原则,我们党实行集体领导,有效保证了党的制度的贯彻执行。党的六届六中全会通过了《关于中央委员会工作规则与纪律的决定》《关于各级党委暂行组织机构的决定》《关于各级党部工作规则与纪律的决定》等制度,并将民主集中制原则进一步具体化。党的七大把"四个服从"原则作为民主集中制的基本原则写进了党章。1948年《关于健全党委制》的出台,也对发挥党的集体领导和制度的有效执行起到了很好的促进作用。

正是因为我们党从建党之初就十分注重制度建设和制度执行,不仅使我们党由小到大、由弱到强,严明的纪律和制度还使我们党在血雨腥风的战争年代保持了党组织的独立和完整,大大地提升了党组织的凝聚力和战斗力,同时也有效地提升了执行力。

二、积极探索阶段(1949—1956年)

新中国成立之初,党的事业步入正轨,各项工作有条不紊地进行着。党的制度建设也迈出了坚实的步伐,取得了一定的进展。尤其经历了革命战争年代,我们党更加认识到制度建设于整个党和国家发展的重要意义。同时,

---

① 中央档案馆编:《中共中央文件选集》(第一册),中共中央党校出版社1989年版,第379页。

② 中央档案馆编:《中共中央文件选集》(第十一册),中共中央党校出版社1991年版,第652页。

新中国成立后百废待兴，面对国内外局势的诡异复杂，我们党逐渐认识到党内法规的价值和意义，并进行了不濉的探索和实践。党内法规的发展也经历了从民主革命时期向社会主义建设时期的伟大转折。

但同时，受时代和认知水平所限，党内法规在一定程度上存在不足，比如在稳定性、权威性和规范性方面还差强人意，为后来"文化大革命"和极"左"思潮的产生埋下了伏笔，给党和国家的事业带来了巨大损失。前车之鉴，不可不察，必须引起我们足够的重视。

新中国成立到党的八大，我们党积极推进制度建设，探索制度执行的有效方法，并取得了一系列的制度成果，获得了制度执行的成功经验。这一时期，不管是从整体政党心态而言，还是从制度建设的层面而言，都实现了质的飞跃，即从革命党的制度建设向执政党的制度建设的飞跃。

这一时期，随着形势的不断发展和相应领域问题的出现，党的制度建设的范围也逐渐扩大，涉及党和国家治理的方方面面。比如：党政关系、干部教育管理监督制度改革、基层党组织建设等问题都被纳入了视野。围绕这些问题，我们进行了积极的探索，党的执政体系也更加健全。在实现全局执政后，我们党认为"执政党的地位，使我们党面临着新的考验"[①]。为了应对这种风险和重大考验，"党除了应该加强对于党员的思想教育之外，更重要的还在于从各方面加强党的领导作用，并且从国家制度和党的制度上作出适当的规定，以便对于党的组织和党员实行严格的监督"[②]。这表明我们党对加强制度建设有了全新的认识。为了尽快适应新要求，我们党借鉴了当时苏联的一些规章制度，但同时也认识到，执政党要想取得更大发展，一定要根据自身特点和形势发展进行开创性的制度探索。比如，1953年9月，中共中央出台了《关于加强干部管理工作的决定》，确立了党委领导的行政首长负责制。1949年底，中央成立了中央和各级党的纪律检查委员会，出台了工作细则，

---

① 《建国以来重要文献选编》（第九册），中央文献出版社1994年版，第120页。

② 《建国以来重要文献选编》（第九册），中央文献出版社1994年版，第121页。

先后颁布了一系列纪检监察工作的规定。1955年3月，中共中央成立党的中央和地方检查委员会，以此取代纪律检查委员会，强化了监督职能。新中国成立伊始，党就成立了从中央到地方的各级纪律检查委员会，后来又将其升格为中央和地方监察委员会，赋予党的监督机关更多的职权，进一步强化了监督制度。邓小平同志在党的八大作的修改党章的报告中，首次提出制度建党的问题。① 党的八大另一个突出贡献是，提出了党的代表大会常任制。这些党内法规的确立，不仅使制度设计更加规范，而且体现了一定的可操作性，有利于制度的执行，为新生的人民政权建设起到了很好的促进作用。

三、出现曲折、遭到破坏阶段（1957—1976年）

新中国成立之初，党的制度建设虽然迈出了坚实的步伐，取得了一定的进展，但是不容否认的是，党的制度建设的基础是建立在高度集中的计划经济体制之上，并为其服务的。计划经济这种相对集中的内在需求，导致了权力过分集中情况的发生。党的制度建设也遭遇瓶颈。尤其是党的八大以后，制度建设的探索受阻，没有得到积极有序地推进。正是由于党的领导制度的不完善，导致个人专断现象的发生。

（一）出现曲折阶段（1957—1966年）

从1957年下半年开始，随着政治运动的出现，在一定程度上对党内法规造成了冲击，制度执行受阻。

正如刘少奇在七千人大会上所指出的："近几年来，在党内生活中发生了许多不正常现象，这并不是由于我们党内无章可循、无法可守，也不是由于党所制订的章程、制度不正确，而是这些章程、制度在一些党组织中，没有被执行，或者被歪曲了，被破坏了。"② 针对这些情况，邓小平同志更是尖锐地指出："民主集中制执行得不好，党是可以变质的，国家也是可以变质的，

---

① 周敬青：《中外执政党制度建设论纲》，中共中央党校出版社2005年版，第14页。

② 中共中央文献研究室、中共中央党校：《刘少奇论党的建设》，中央文献出版社1991年版，第709页。

社会主义也是可以变质的。干部可以变质，个人也可以变质。"①七千人大会结束后，虽然民主集中制和集体领导得到了一定程度的恢复，但由于党内主要领导人的制度理念产生了偏差，认为"我们每个决议都是法，开会也是法""到底是法治还是人治？实际靠人，法治只能作为办事的参考"②。这些思想使我们党的治国理念发生了严重偏离，人治色彩日渐浓厚，因而造成了党的集体领导制度遭到破坏，个人专断盛行。尤其是1959年庐山会议以及之后的"反右倾运动"等的出现，使党内政治生活遭到极大破坏。制度的稳定性、约束性和权威性受到冲击，制度虚无主义甚嚣尘上，极大地影响了制度的执行。这种没有制度保障的党内政治生活逐渐偏离正常轨道，最终导致"文化大革命"的发生。

这一时期，虽然党的制度及其执行存在偏差，但我们党具有较强的自我纠偏能力，因此，破坏制度建设和阻碍制度执行的现象被控制在有限的范围内。

（二）遭到破坏阶段（1966—1976年）

"文化大革命"中，党的制度建设陷入全面危机。不仅原来制定的制度遭到了严重破坏，而且有些制度的弊端不断显现，甚至出现畸形化。比如，民主集中制遭到严重践踏。设立了中央文革小组，剥夺了中央政治局和书记处处理党中央日常工作的权力。中共中央集体领导被取消，成立了革命委员会（简称革委会），取代了原来党政企事业单位等各级领导机构，实行了党政合一的领导体制。这种政治体制是阶级斗争的产物，党的领导体制出现了严重倒退。连党章也难逃劫难。九大党章不仅对党的指导思想做了错误表述，而且取消党员权利，中央书记处和中央监察委员会等机构也被取消。作为党内根本大法的党章，被修改得面目全非。"九大、十大搞的党章，实际上不大像党章，党员有些什么权利和义务，究竟怎么样才算个共产党员，不

---

① 《建国以来重要文献选编》（第十五册），中央文献出版社1997年版，第155页。

② 全国人大常委会办公厅研究室编著：《人民代表大会制度建设四十年》，中国民主法制出版社1991年版，第102页。

合条件怎么办,都没有规定好。"①党章是党内的根本大法,是党内法规体系的核心,它被破坏使其权威性大打折扣,使原本未成体系的党的制度轻易地被瓦解了。另外,明文规定接班人,这也是违反组织原则的,给党的事业带来了不良影响。

"文化大革命"这场运动不但给党的建设造成了严重破坏,而且也给党组织建设造成了严重损失。在"打倒一切、全面内战"的口号下,党内各项法规制度也被肆意践踏,其制度的权威性荡然无存,更别提执行党的制度了。即使是意识到"许多规定,我们自己没有很好执行,今后执行规章制度没有例外"②,但由于缺乏系统的有效运转,"例外"不可避免地成为一种常态。

"文化大革命"时期,就制度本身而言,"砸烂一切规章制度",在"破"的同时没有"立",或者说没有很好地"立",这就导致了制度的缺失,造成了无规可依的混乱局面;就执行主体而言,随着无政府主义的泛滥,"造反有理""砸烂公检法""踢开党委闹革命"等使党的组织体系被"肢解",逐渐陷入瘫痪状态,而革命委员会的成立,更是党的领导体制的一次大倒退,这就使制度执行失去了其有效的组织体制和组织体系;就执行客体而言,受到党的指导思想严重"左"倾和以阶级斗争为纲的影响,提出了对党员队伍进行"吐故纳新"的政策,不仅严重打击了老干部、老党员,而且突击吸收了一些靠造反起家的打砸抢分子,从而使党内成分日益复杂、纪律观念淡化、制度意识虚化。更为严重的是,由于个人崇拜的膨胀,制度被边缘化,造成了党员队伍对制度的藐视、蔑视甚至是无视或抵制,最后演化成"无法无天"的夸张局面。总之,在这一时期,党内法规执行体系遭到严重破坏,再加上执行环境的破坏、监控的缺失、资源的缺少甚至匮乏等,党的制度执行基本成为奢谈。此段时期的经历在党的制度执行史上留下了深刻的教训。

四、恢复发展阶段(1977年—十八大)

这一时期,党的各方面制度不仅得到恢复,还得到了进一步完善,充分

---

① 《邓小平文选》第二卷,人民出版社1994年版,第269页。
② 《陶铸文集》,人民出版社1987年版,第332页。

发挥了制度应有的效用。

（一）恢复时期（1977—1992年）

"文化大革命"给党和国家带来的深重灾难和惨痛教训，让每一个国人铭记于心。教训深刻，值得每个人认真思考和面对，同时也使我们党不断加深了对制度建设必要性和重要性的深刻理解和认识。尤其是中共十一届三中全会后，邓小平同志从党和国家战略全局出发，提出了要切实加强党内法规建设的构想。在《党和国家领导制度的改革》的讲话中，邓小平同志对于制度建设的重要性，现有制度的不科学、不规范，如何进行制度建设改革等问题，都提出了自己的真知灼见。他第一次将制度建设上升到关系党和国家生死存亡的战略高度，指出："领导制度、组织制度问题更带有根本性、全局性、稳定性和长期性。这种制度问题，关系到党和国家是否改变颜色，必须引起全党的高度重视。"①这就把制度上升到一个制高点。第一次比较系统地概括了制度建设的内容和体系，论述了制度建设与党的其他方面建设的关系，深刻分析了党和国家领导体制建设和发展过程中存在的弊端和暴露的问题，同时对于如何解决相应问题提出了改革策略。邓小平指出："我们过去发生的各种错误，固然与某些领导人的思想、作风有关，但是组织制度、工作制度方面的问题更重要。这些方面的制度好可以使坏人无法任意横行，制度不好可以使好人无法充分做好事，甚至会走向反面。"②因此，我们只有将党的政治建设、思想建设、组织建设、作风建设、纪律建设和制度建设紧密结合起来，才能走出一条不依靠轰轰烈烈的政治运动，而靠全面深化改革和加强制度建设的全新路径，才能不断向着依法治国、依规治党的道路不断前进。这就明确地把制度建设纳入党的建设整体布局之中。我们党逐渐认识到，制度具有"不因领导人的改变而改变，不因领导人的看法和注意力的改变而改变"③的刚性约束，所以制度是决定因素，是最重要的问题。

---

① 《邓小平文选》第二卷，人民出版社1994年版，第333页。
② 《邓小平文选》第二卷，人民出版社1994年版，第333页。
③ 《邓小平文选》第二卷，人民出版社1994年版，第146页。

正是以邓小平为核心的第二代党中央领导集体对制度建设的深刻认知和不懈努力，党的制度建设和改革迈出全新步伐。搞好党的建设，制度是根本。我们党进行制度建设，不是以制定某项具体制度为目的，而是通过制度设计，反映党的意志，依法治国，使党经受住各种风浪的考验，最终实现党和国家的长治久安。因而必须在思想上重视、理论上探索、实践中执行。

（二）发展阶段（1992年—党的十八大）

从党的十四大到十八大，是党内法规建设和执行的大力推进阶段。党的十四大确立了建立社会主义市场经济体制的目标，这样的背景倒逼我们党的制度建设要与此相适应。市场经济是法治经济，是依靠各种规则来运行的。我们党是执政党，在党和国家事业中处于领导核心地位，社会主义市场经济也离不开党的领导，因此，需要我们党在思想上重视、理论上创新，不断进行制度设计，形成有效执行制度的良好氛围，从而在实践中达到制度建设和执行并举的局面。

经过一段时期的恢复发展，党的制度建设取得了新的进展，进入了大力推进阶段，不论是数量还是范围都有了很大的提升，基本上形成了党的制度体系。党的制度在数量上前所未有，涵盖领域日益全面。随着制度数量的增加，党的制度质量问题日益凸显。制度制定了不少，但大多是原则性规定，缺乏具有可操作性的程序性制度。由于制度的不科学、不规范，使一些问题得不到根本解决，追根溯源和制度本体缺乏科学性和制度执行乏力有关。这就使我们党对制度建设开始了全新的探索。我们如何通过不断地深化改革，进行局部的调整，从注重制度制定的数量逐步向注重质量转变？如何从关注制度形式向关注制度效用转变？如何从强调制度制定到强化执行力的涅槃蜕变，这些成为摆在我们党面前的重要课题。因此，我们党提出了党的制度执行力的概念。

任何概念的提出都不是凭空产生的，都有一定的发展历程。制度执行力亦不例外。1992年前后，时任福州市委书记的习近平同志提出了"马上就办，办就办好"的执政理念，用朴实无华的话语表达了提高执行力的要求。这句话内涵丰富，包含着两个层面的意思，一是要提高执行效率，二是要强调执行效果，体现了讲时效和讲实效的完美结合。我们不仅要在实践中全力执行制度，而且还要使制度执行效能得以充分发挥和彰显。党的十六大报告指出:"一定要把思想建设、组织建设和作风建设有机结合起来,把制度建设贯穿其中。"①在党的十七届四中全会上,胡锦涛同志指出,要"提高制度执行力、维护制度权威"②。这是我们党第一次提出了"制度执行力"的概念,是党的制度建设史上的一件大事,也是我们党长期实践的结晶。2010年,胡锦涛同志又郑重指出,"制度的功用取决于制度的执行"③,只有不断地提高制度执行力,才能增强制度的执行实效。2013年,习近平总书记对执行力作出了新的具体阐述:"决不允许'上有政策、下有对策',决不允许有令不行、有禁不止,决不允许在贯彻执行中央决策部署上打折扣、做选择、搞变通。"④可见,制度执行在我们党和国家事业发展中的重要性。

为了更好地促进制度的有效执行,我们不仅在制度本体上提升了制度质量,使其更具有科学性、合理性和可行性,而且对制度执行主体提出了革命化、年轻化、知识化、专业化的"四化"要求。同时,还废除了领导干部职务终身制,建立了后备干部制度、干部退休离休制度、党和国家机关领导干部交流制度,并建立健全了领导干部年度工作考核制度,从而调动了广大干部执行制度的积极性。从执行客体来说,党通过整党的方式来统一思想、加强纪律、整顿作风,营造党员教育的良好氛围,从而严肃了制度执行纪律、提高了党员干部的素质、增强了党组织的凝聚力和战斗力。为了保证监督富有成效,我们建立和完善了党内监督与党外监督、自上而下的监督与自下而上的监督制度,形成了党内党外优势互补、网络化、立体式的监控体系。通过这一制度的执行,取得了一定的效果。随着我们党和国家事业的不断发展,成就的取得可谓举世瞩目,为党的制度执行提供了较为充足的人、财、

---

① 《十六大以来重要文献选编》上,中央文献出版社2005年版,第38页。

② 《〈中共中央关于加强和改进新形势下党的建设若干重大问题的决定〉辅导读本》,人民出版社2009年版,第38页。

③ 胡锦涛:《建设科学严密完备管用的反腐倡廉制度体系,不断取得党风廉政建设和反腐败斗争新成效》,《人民日报》2010年1月13日第1版。

④ 习近平:《严明政治纪律,自觉维护党的团结统一》(2013年1月22日),《十八大以来重要文献选编(上)》,中央文献出版社2014年版,第132页。

物保障。此外，我们党提出以党内民主来逐步推动人民民主的发展路径，也在一定程度上营造了良好的党内外制度执行环境。①

五、跨越提升阶段（十八大以来）

党的十八大以来，以习近平同志为核心的党中央强调依法治国，大力推进社会主义法治国家建设。对我国而言，要建设法治国家，首要的就是推进全面从严治党、依规治党，不断提高党内法规执行力，坚持制度为先、执行为要，充分发挥法规制度的刚性约束作用，使党的制度执行力建设迈出新的步伐、跃上新的高度。

（一）党的十八大以来党内法规建设情况

党的十八大以来，党的制度建设被提到一个新的高度。尤其是随着全面从严治党的开展，党中央密集出台了一系列的党的制度规范，制度建设的步伐明显加快，标志着反腐败工作向着法治化、制度化轨道不断转化。针对党的历史上法规制度体系中存在的不适应、不协调、不衔接、不一致的问题，开展了集中清理。几年来，党中央共出台或修订近百部党内法规。一部部党内法规，既体现出党中央管党、治党的新理念、新思想、新实践，也为全面从严治党提供了制度保障。

2013年1月21日，习近平在十八届中央纪委第二次全会上强调，要加强对权力运行的制约和监督，把权力关进制度的笼子里。他多次指出，加强党的建设必须先加强党内法规建设，完善党内法规体制机制，形成配备完善的党内法规体系，运用党内法规把党要管党、从严治党落到实处。他还向全党发出号召，在各级党组织的全部活动中，都要坚持引导广大党员、干部特别是领导干部自觉学习党章、遵守党章、贯彻党章、维护党章，自觉加强党性修养。

2013年5月，中央修订出台了《中国共产党党内法规制定条例》，对党内法规的起草、审批、发布、适用、解释，以及备案、清理与评估等环节作出

---

① 胡国喜：《中国共产党制度执行力研究》，中共中央党校2013年博士论文。

明确规定。同时还出台了《中国共产党党内法规和规范性文件备案规定》,要求党内法规和规范性文件自发布之日起30日内由制定机关报送党中央备案。

为保障党内法规的准确适用,2013年8月,发布《中共中央关于废止和宣布失效一批党内法规和规范性文件的决定》,完成我们党历史上对党内法规和规范性文件的第一次全面系统的清理。清理的范围包括1978年至2012年6月期间中共中央制定的767件法规和规范性文件。

2013年11月,中共中央又发布《中央党内法规制定工作五年规划纲要(2013—2017年)》,对此后5年中共中央党内法规制定工作进行了统筹安排。这是党的历史上第一次对党内法规建设进行全面、系统的顶层设计,是加强党的制度建设的战略工程。

2014年10月,十八届四中全会通过的《中共中央关于全面推进依法治国若干重大问题的决定》明确提出,"党内法规既是管党治党的重要依据,也是建设社会主义法治国家的有力保障",强调"完善党内法规制定体制机制,加大党内法规备案审查和解释力度,注重党内法规同国家法律的衔接和协调,提高党内法规执行力"。这些重要论述对于深刻理解和准确把握党内法规同依法治国二者的相互关系,澄清人们头脑中的模糊认识和片面理解意义重大。习近平总书记在2014年10月20日进一步指出,全面推进依法治国,建设社会主义法治国家,必须正确处理国家法律与党内法规的关系。事实上,二者相辅相成、相得益彰,不可或缺,共同贯穿于中国特色社会主义法治体系中。

全面清理党内法规是加强党内法规建设的前提。本轮清理过程中,超过一半的党内法规和规范性文件被废止或宣布失效,制度体系大大"瘦身",守纪、执纪更具操作性。到2014年底,党中央部署完成了第二阶段的清理工作,范围是新中国成立至1977年期间,中共中央制定的411件党内法规和规范性文件。至此,党中央系统、全面地清理了新中国成立至2012年6月期间党中央出台的全部文件,共清理党内法规和规范性文件1178件,其中322件被废止、369件被宣布失效,二者合计占全部文件的58.7%。党内法规清理是党内法规建设迈向科学化、规范化的关键转折。通过本轮清理,全面掌握了党内法规建设的基本数据，为客观评估党内法规建设和发展现状提供了客观依据。

2015年6月，习近平再次强调，"法规制度带有根本性、全局性、稳定性、长期性"，铲除不良作风和腐败现象滋生蔓延的土壤，根本上要靠法规制度。这一系列举措表明，自十八大以来，党内法规建设被提到一个新的高度，体现了"全面从严治党"的新要求，党内法规成为我们党治国理政特别是管理党内事务的最主要方式，不断提高党的建设法制化、规范化和科学化水平，使党的领导更加规范化。加强党内法规建设，不仅不会削弱国家法律的权威，而且有利于国家法律的实施，二者相辅相成、相互促进，为党和国家事业发展提供了制度遵循和有力保障。

清理是为建设作准备的基础。十八大以来，党中央根据对形势和任务的研判，制定或修订了一系列党内法规，全面从严治党走上了法治化轨道，党和国家面貌焕然一新。一系列重要的基础性党内法规构成主干，形成了党内法规建设的基本制度框架。

2015年8月，中共中央颁布了《中国共产党巡视工作条例》。同年10月，中共中央政治局审议通过了《中国共产党廉洁自律准则》和《中国共产党纪律处分条例》。2016年7月，中共中央颁布了《中国共产党问责条例》，同年10月，党的十八届六中全会审议通过了《关于新形势下党内政治生活的若干准则》和《中国共产党党内监督条例》。2017年1月，十八届中央纪委七次全会审议通过了《中国共产党纪律检查机关监督执纪工作规则（试行）》。2018年7月31日，中共中央政治局审议通过了《中国共产党纪律处分条例》。中共中央纪委印发《关于认真学习贯彻〈中国共产党纪律处分条例〉的通知》，要求各地各部门认真组织学习，确保《条例》的学习贯彻落到实处；切实把自己摆进去，自觉做学习贯彻《条例》的表率。2018年9月21日，中共中央审议通过《中国共产党支部工作条例（试行）》。这是中国共产党历史上第一部关于党支部工作的基础性主干法规，是新时代党支部建设的基本遵循。同年12月29日，第十三届全国人民代表大会常务委员会第七次会议审议通过了《中华人民共和国公务员法（修订草案）》，为激励公务员新担当、新作为，更好地干事创业奠定了良好的制度基础，也为党内法规的贯彻执行提供了制度保障。2019年8月30日，中共中央政治局审议了《中国共产党党内法规执行责任制规定（试行）》，更好地提高党内法规执行力，推动党内法规全面深入实施。同年1月31日，中共中央出台了《关于加强党的政治建设的意见》，对党的政治建设提出了总体要求。2020年3月13日，中共中央颁布实施《党委（党组）落实全面从严治党主体责任的规定》。众所周知，党的十八大以来，党中央以坚定决心、顽强意志、空前力度推进全面从严治党，党的十九届五中全会用"取得重大进展"进行了高度概括，成效确实有目共睹。但同时我们也必须清醒地认识到，党内确实存在着党的建设弱化、虚化、淡化、边缘化的问题，一些深层次的问题有待于进一步解决。全党必须保持战略定力，发扬斗争精神，不断深化党的自我革命，一以贯之、坚定不移地全面从严治党。同年7月13日，中共中央印发了《中国共产党基层组织选举工作条例》，是新时代基层党组织选举工作的基本遵循。2021年4月16日，中共中央印发了修订后的《中国共产党普通高等学校基层组织工作条例》。这一条例的修订意义重大，突显政治性，对于进一步加强和改进党对高校的领导，培养合格的建设者和接班人起到了至关重要的作用。同年7月1日，习近平总书记在庆祝中国共产党成立100周年大会上强调，我们始终坚持依规治党，已经形成了比较完善的党内法规体系，为党和国家事业的发展提供了坚强保障。

通过以上梳理我们不难看出，党内法规体系越发健全，制度更加规范。尤其是党的十八大以来，随着党中央全面推进从严治党步伐的加快，我们党不断对相关法规进行废止、修订，同时根据新形势、新任务要求进行重新制定，使党内法规不断科学、完善。目前，基本形成了系统完备的党内法规体系。这里既包括基础性法规，也涉及综合性法规，还包括专门性法规，党内法规体系不断健全。这些制度是我们党管党、治党经验的高度凝练，尤其是凝结着党的十八大以来管党、治党理论和实践的创新成果，逐步构建起党内法规的制度高线，"不能腐"的有效机制逐步确立，为全面从严治党提供了有力的制度保障。可见，我们党对党内法规的认知逐步深入，且逐渐与中国特色社会主义法治体系建设和依法治国进程相协调、相适应。

党内法规的质量和执行是党内法规与法律衔接的关键。当前，党内法规的重要性已经被上升到国家战略高度。党中央提出了建设党内法规体系的基本要求，是立足于改革发展实践，进行党内法规建设的重要举措。2009—2017年，中办法规室联合中纪委、中组部等相关部门共同编纂并出版了5卷不同的党内法规与规范性文件汇编。2012年起，党中央部署完成了党内法规清理工作，意义重大。部分不科学、不规范，缺乏可操作性，且与法律相抵触的党内法规的废除，有助于进一步增强党内法规的执行力。

十八大以来，党内法规建设成果显著，出台或修订的党内法规100多部。2012年开始执行的《中国共产党党内法规和规范性文件备案审查规定》引起了全党全社会的广泛关注，由于设立了备案审查机制，公众对于提高党内法规执行力产生期待、寄予厚望。中共中央先后于2013年11月27日和2018年2月3日发布了《中央党内法规制定工作五年规划纲要（2013—2017年）》和《中央党内法规制定工作第二个五年规划纲要（2018—2022年）》。2019年9月，党中央修订了《中国共产党党内法规制定条例》《中国共产党党内法规和规范性文件备案审查规定》，制定了《中国共产党党内法规执行责任制规定（试行）》。此前，党中央还制定出台了《中国共产党党内法规解释工作规定》。这4部党内法规相辅相成、互为作用，成为管党治党的重要依据和有力举措，这是对近年来依规治党成果的提炼和总结，是对全面从严治党规律的有效把握。这些都为我们党建立、完善和落实党内法规在操作层面设定了基本的路线图，有利于进一步规范党内法规在实践中的贯彻执行。①

（二）党的十八大以来党内法规执行情况

党的十八大以来，党中央审时度势，根据对形势和任务的研判，根据管党治党中出现的问题和需要解决的短板，提出全面从严治党的战略安排，对腐败等坚持"零容忍"态度，以"刮骨疗毒、猛药去疴"的坚强决心和"壮士断腕"的政治勇气惩治腐败，用党纪党规的"铁律"筑起反腐败的制度"高墙"。在党中央持续反腐败的高压态势下，一大批贪腐官员纷纷落马。

---

① 谷鑫贺、王国柱：《增强党内法规执行力路径探析》，《行政与法》2018年第9期。

可以看出，党纪执行力度之大前所未有，彰显了党中央反腐败的坚定信心和坚强决心。

从《中国纪检监察杂志》所反映的数据来看，反腐败可谓成效卓著，其执行力也可见一斑。仅就十八大以来的5年间，立案审查中管干部440人，约是十七大期间的六七倍。十九大以来，又有70余名中管干部被立案审查调查，拔"黑伞"、惩"蝇贪"，昭示"打虎"决不"鸣金收兵"。截至2018年11月，党的十九大以来，全国共查处群众身边腐败和作风问题23.87万个，处理31.6万人；"猎狐"斩获不断，新增外逃人数从2014年的101人下降至2017年的4人，骤减96%；"天网2018"行动共追回外逃人员1335名，而其中引渡、强制遣返增多，追赃金额35.41亿元，同比增长261.33%……数据的增减，为腐败存量明显减少、增量有效遏制增添了有力注脚，让压倒性胜利更加直观，①也让广大人民的信心倍增。

当前，随着正风反腐工作的持续进行、不断推进，人民群众对反腐败工作的关注度和满意度逐年攀升，可见党内法规执行力成效显著，且深得人心。党的十八大以来，人民群众对我们党实行"零容忍"的反腐工作和廉政建设工作的满意度从2012年的75%上升至2017年的93.9%，②短短5年时间上升将近20个百分点。反腐败取得的巨大成就使广大民众增强了反腐的信心，并使广大民众积极主动地参与到反腐中来，实现了反腐总动员，使"流动摄像头"无处不在。③

此外，党的十八大以来，因违反中共中央"八项规定"精神被处分的人数逐年上升。但是随着从严治党步伐的加快，党风廉政建设的有效开展，尤其是"八项规定"，如一股清流，让人如沐春风，涤荡着我们党肌体上的污垢，党的面貌焕然一新。经过8年多的有效治理，虽然违反中共中央"八项规定"

---

① 黄月、王诗雨：《充分认识反腐败斗争取得压倒性胜利》，《中国纪检监察》2019年第3期。

② 《大型成就展"数"说正风反腐》，中央纪委监察部网站[EB/OL].http：//www.ccdi.gov.cn/yw/201709/t20170930_108257.html.2017-09-30。

③ 邹东升、姚靖：《十八大以来党规党纪执行力影响因素分析——基于史密斯政策执行理论模型》，《重庆行政（公共论坛）》2017年第5期。

精神的行为屡禁不止,但是违反案件数呈逐年下降态势,让我们看到希望。这不仅说明部分党员干部认识到了作风建设的重要性,严格规范自身,而且违纪问题和整个腐败的蔓延势头得到了有效遏制,这一成效也是人民群众有目共睹的。

第二节 党内法规执行的经验启示

历史是最好的营养剂。从对历史的探索中我们可以获得最深沉、最持久的力量。今天,我们回顾百年党内法规执行的历史,不仅是让广大群众更清晰地了解这段波澜壮阔的历史,更为重要的是,通过对历史的回顾和反思,总结经验教训,把握规律性认识,以便更好地提升党的制度执行力,促进党和国家各项事业的长足发展。

正如恩格斯所指出的那样,"历史就是我们的一切"[1]。我们要尊重客观事实,尊重历史真实,对客观历史进行认真分析和探究,因为它不仅代表着客观事物发生的过往,还影响着当下党内法规的执行状况,甚至在一定程度上预示着其未来的发展走向和发展态势,正是过去、现在、未来这三种不同形态构成了事物发展的整体脉络。毛泽东同志也提到"如果要看前途,一定要看历史"[2]。因此,我们不仅要总结我们党的历史,还要善于从中华民族浩瀚五千年的文明中去探寻发展足迹,不管是孔子还是孙中山,不管是中国共产党还是国民党,都要总结,毛泽东甚至自豪地说到:"我是靠总结经验吃饭的。"[3]其实,这何尝不是中国共产党人取得革命、建设和改革伟业的制胜法宝呢?忘记历史不亚于背叛。习近平总书记一直强调党员干部学历史的重要性,他指出:"我国古代史、近代史、现代史构成了中华民族的丰富历史画卷。领导干部要

---

[1] 《马克思恩格斯全集》第三卷,人民出版社2002年版,第520页。
[2] 《毛泽东文集》(第八卷),人民出版社1999年版,第383页。
[3] 孙业礼:《学习党史,益人心智》,《北京党史》2010年第2期。

多读一点历史,从历史中汲取更多精神营养。"①鉴古可以知今,读史可以明智。这也是当前中共中央为什么强调要将"四史"内容纳入干部教育培训课程的根本原因。当前必须要认真回顾我们党百年奋斗史,认真总结我们党百年党内法规执行史,从中总结经验启示,对我们在当下提高党内法规执行力起到促进作用。

一、注重制度执行以上率下

习近平总书记曾说:"人不率则不从,身不先则不信。"②党的十八大以来,我们党不断改进工作作风,提出密切联系群众的"八项规定",正风肃纪力度空前,且取得了显著成效。其中一条重要经验就是党中央以上率下,言必信,行必果,彰显了党内法规的权威,也起到了很好的示范引领效应。榜样的力量是无穷的。正是党中央领导人这种主动姿态和积极作为,形成了超强的榜样力量,其他各级领导干部上行下效,遵规守矩,使党风、政风、民风持续向善、向好发展,全国人民有目共睹。在党中央倡导和强大执行力下,各地纷纷向党中央看齐,保持高度一致,收效明显。这些都表明,党中央以作风建设为抓手,全力惩治腐败首战告捷,我们党和全国人民的信心倍增。

在其他政策的落实方面,习近平总书记也一直反复强调"一分部署,九分落实"的重要性。习近平总书记对抓落实有很多重要论述。他提到:"崇尚实干、狠抓落实是我反复强调的。如果不沉下心来抓落实,再好的目标、再好的蓝图,也只是镜中花、水中月。"③他还强调:"党的十八大以来,党委办公厅系统为落实中央决策部署做了大量工作,发挥了重要作用,这次全国党委秘书长会议又专题研究抓落实问题。"④要求:"各级党委办公厅(室)更好地发挥其职能作用,投入更大的力量、采取更加有力的措施,推动中央

---

① 2018年6月12日习近平在山东考察专程到甲午海战故地刘公岛时的讲话。
② 习近平:《在"不忘初心、牢记使命"主题教育总结大会上的讲话》,人民出版社2020年版,第20页。
③ 《深入学习贯彻中央经济工作会议精神》,人民出版社2017年版,第67页。
④ 习近平:《确保中央政令畅通、决策落地生根》,新闻网2014年10月11日。

精神的贯彻落实，确保中央政令畅通、决策落地生根。"①2020年4月14日，中共中央办公厅印发了《关于持续解决困扰基层的形式主义问题 为决胜全面建成小康社会提供坚强作风保证的通知》，其中第八条整条都在讲抓落实的问题，要求各地区各部门坚持以上率下，发挥示范和引领作用，狠抓各项工作的具体落实。通知要求，各级党委（党组）要切实把主体责任担起来。尤其对于官僚主义和形式主义的顽瘴痼疾。通知指出，要将防止和杜绝形式主义、官僚主义放到巡视巡察、干部考察考核、党委督查、年度述职等各项工作中去，深刻融入各项任务中去，并形成长效机制，从而推动政治监督和政治督查常态化，作出实效。通知为我们进一步抓好各项政策的落实指明了方向，就是要求各级一把手要以身作则，真正沉下身子，狠抓工作落实。

二、更加注重依规治党

由人治向法治转型，不仅是国家的奋斗目标，也是我们党始终不渝的价值追求。以习近平同志为核心的党中央全面从严治党，将从严管党、治党提升到前所未有的战略高度。不管是以作风建设为抓手，提出"八项规定"；还是强调遵守党的纪律和规矩，从严管党治吏；亦或是深化党的建设制度改革，建立科学的党内法规制度体系，其目标指向都是依规治党，提高党的建设质量和水平，推进政党治理和国家治理现代化。这些都表明纪律和规矩对于我们党和国家发展的重要性。

制度的生命力在于执行。之所以全面从严治党取得了举世瞩目的成效，关键在于制度的有效执行。习近平总书记多次强调制度有效执行的重要性。"一分部署，九分落实"，不能让制度成为"纸老虎"和"稻草人"，也不能让制度成为"24小时不带电的高压线"，成为摆设，一定要狠抓制度落实，体现制度的刚性约束。各地坚决拥护和贯彻落实党中央决定，为了不折不扣地执行党中央从严管党治党的基本方针和原则要求，先后出台了一系列符合实际需要的、推进从严治党在实践中有效贯彻落实的制度规定，对于推

---

① 习近平：《确保中央政令畅通、决策落地生根》，新闻网2014年10月11日。

进全面从严治党、依规治党，在法治轨道上推动改革发展具有积极效应。①

三、注重制度执行效果

党内法规的生命力在于执行，有了制度不执行，就是空中楼阁。尤其是党的十八大以来，为了不断地提高党和国家的治理效能，我们党更加注重党内法规制度的执行效果。②为了保障党内法规在实践中更好地被贯彻执行，中共中央先后成立了中央全面深化改革领导小组、网络安全和信息化领导小组、中央财经领导小组、中央党的建设工作领导小组、中央宣传思想工作领导小组、中央巡视工作领导小组、中央全面依法治国领导小组、中央国家安全领导小组等。与此同时，各地各部门也建立了相应的领导小组，从而有效地促进党的路线、方针、政策在各地各部门的贯彻执行。习近平总书记指出，必须坚持从严治党，落实管党治党责任，把作风建设融入制度建设。中共十八届四中全会通过了《中共中央关于全面推进依法治国若干重大问题的决定》，其中明确提出，提高党内法规执行力，促进党员干部带头遵纪守法，体现制度权威和执行的强制性。2019年，中共十九届四中全会通过了《中共中央关于坚持和完善中国特色社会主义制度、推进国家治理体系和治理能力现代化若干重大问题的决定》，强调："坚持党管干部原则，落实好干部标准，树立正确用人导向，把制度执行力和治理能力作为干部选拔任用、考核评价的重要依据。"不仅说明要加强制度建设，建立科学规范的制度体系，而且强调制度的执行，尤其是提升领导干部制度执行力，抓到了问题的要害。但现实中，制度的执行力有时却大打折扣，比如早在2010年中共中央办公厅、国务院办公厅就印发了《关于领导干部报告个人有关事项的规定》，要求领导干部每年如实向组织汇报个人事项。但在实际运作过程中，存在着隐瞒不报，或是不如实申报的情况，这在一定程度上影响了制度的权威和执行效果。党的十八大以来，党中央采取了一系列重大而果断的措施，并对此进行抽检，就是要堵塞制度漏洞或是解决现实

---

① 袁海晗：《提高党内法规制度的执行力》，《红旗文稿》2017年第18期。

② 王振民、施新州：《中国共产党党内法规研究》，人民出版社2016年版，第43页。

层面的问题。"这是深化党建制度改革的一项重要任务，也是新形势下加强领导干部管理监督的创新举措。"①另外，结合领导干部个人事项申报工作的开展，也开始对"裸官"的摸底调查，并根据不同的情况进行岗位调整，从而体现了制度的刚性约束。

四、注重制度质量

党的制度本身是否科学、质量高低与否关系到制度执行力的强弱，也是提高执行力的关键。一般来说，制度对人的行为具有导向作用，好的制度能对人们起到引导、教育、规范的作用，但不好的制度则会使好人干坏事，使人的行为偏离社会基本的价值判断，导致不良的行为后果。在我们党的制度建设史中，也确实存在由于制度质量存在缺陷而导致的制度异化，从而给党的建设带来严重损失的例子。血淋淋的教训，必须引以为戒。

比如，抗日战争中期，日寇的铁蹄践踏中华大地，对抗日根据地进行疯狂"扫荡"，再加上长时间的、全方位的严密封锁，革命根据地受到一定程度的破坏，地区之间彼此隔绝，相互割裂，上下级的联系难度超乎想象。而在各根据地内部，我们党已经广泛地团结、发动、组织群众投入抗日战争，成为领导群众进行抗日战争的大党，对经济、文化、社会工作和党的建设等进行领导。如果各组织抱着"各人自扫门前雪，休管他人瓦上霜"的心态，或是"各自为政""政出多门"的话，就形不成抗日合力，也就无法取得抗日战争的伟大胜利。此外，分散、独立的游击战争环境不利于集中领导、凝心聚力投入抗日战争，易于形成分散主义和山头主义思想。为了进一步加强党的集中统一领导，中共中央政治局于1942年9月下发了《关于抗日根据地党的领导及调整各组织间关系的决定》（以下简称《决定》），在党的历史上首次提出一元化领导体制。《决定》指出："党是无产阶级的先锋队和无产阶级组织的最高形式，它应该领导一切其他组织，如军队、政府与民众团

---

① 中共中央组织部：《领导干部有意瞒报个人有关事项不得提拔任用——中组部负责人就开展领导干部个人有关事项报告抽查核实工作答记者问》，新华网，2014年12月6日，http://www.chinanews.com/gn/2014/12-06/6851938.shtml。

体。"党的一元化领导体制的确立，与当时的战争环境和党内状况有着密切联系。首先，抗战时期地区活动独立性的增强，要求各地区有集中统一的领导机关。其次，为了克服当时党政军民关系上存在的不协调现象。其主要目的是团结起来，一致对外。①为此，《决定》规定各根据地实行党的领导的一元化，即有一个统一的领导一切的党的委员会，以取代在根据地创立时的党政军委员会。这些决定在当时发挥了巨大作用，但同时也给党政不分、以党代政留下余地。正是这种制度设计存在的缺陷，为制度"异化"埋下了隐患。比如，在处理上下级关系问题上，过于突出和强调领导者个人的作用和权威，这与当时的战争环境有很大关系。在当时战争的严峻形势下，这一体制为取得抗日战争胜利打下了一定的基础，同时也为个人专断、独断专行埋下了伏笔。如今，这种思想的遗毒在一定程度上还是存在着，给党和国家事业发展和制度执行带来了一定的不良影响。

因此，我们党在回顾和反思历史教训的时候，深刻认识到了制度质量的重要性。邓小平同志深刻地认识到，"制度好可以使坏人无法任意横行，制度不好可以使好人无法充分做好事，甚至会走向反面"②。这表明制度是否完善、是否科学确实对人的行为产生不同影响，从而提出提高制度的科学性和可操作性问题。此后，我们党不断深化对制度科学性的认识。在党的十七届四中全会上，我们党提出了实现党的建设科学化的党建目标，就是要以科学的制度来保障党的建设。2014年10月23日，习近平总书记指出，我们要"完善党内法规制定体制机制，注重党内法规同国家法律的衔接和协调，构建以党章为根本、若干配套党内法规为支撑的党内法规制度体系，提高党内法规执行力"③。注重党的制度质量问题，增强制度设计的科学性，是提高党的制度执行力的一条基本的历史经验。

---

① 冯秋婷：《中国共产党执政方式探析》，中共中央党校出版社2001年版，第11页。

② 《邓小平文选》第二卷，人民出版社1994年版，第333页。

③ 《习近平谈治国理政》第二卷，外文出版社2017年版，第119页。

五、注重强调执行主体的责任

职责分工对于任何组织来说都非常重要，职责明晰不仅能够提高工作效率，而且还能促进组织更好地发展。因为这样不仅可以防止或减少职务重叠、推卸责任，而且有利于进一步引导和规范执行主体朝着目标任务顺利完成的方向努力。因此，要想顺利执行党内法规，必须对执行主体的职能和权限进行界定。1998年《关于实行党风廉政建设责任制的规定》出台，在一定程度上对党风廉政建设进行的责任界定，有利于推进党风廉政建设工作的进一步开展。2010年，中共中央又对此进行了重新修订，并对党委和纪委应该承担的相应责任进行了具体分解。但是不容乐观的是，在实践操作层面，仍然有对应该承担的主体责任把握不准的现象，导致部分执行主体落实主体责任意识不强，更多停留在表态阶段，被动应付；或是执行法规部门对其主体责任缺乏正确的认识，责任分工不清，从而出现推诿、扯皮等复杂情况。2014年1月13日，十八届中央纪委三次全会指出，各级党委（党组）要切实担负党风廉政建设主体责任，纪委（纪检组）要承担监督责任。这为我们进一步强化党风廉政建设责任制，更好地实施责任追究指明了方向。当前在执行党内法规过程中，我们党更加注重执行主体的责任界定和划分，同时进一步增强了纪委的独立性和权威性，从而在一定程度上实现了责权"无缝对接"，防止出现责任主体不明、职责交叉等现象。同时，强调执行主体要认真地把主体责任落到实处，把党内法规执行落到实处。①

党的十八大以来，各级党委（党组）从党和国家事业发展的战略维度出发，积极响应和落实党中央全面从严治党的方针，牢固树立从严管党、治党的理念和思想，坚定从严治党的决心和信心，自觉践行从严治党各项制度安排，全力推进从严治党各项目标任务的贯彻落实，严格落实从严治党主体责任，推动全面从严治党不断向纵深发展，不断取得实实在在的效果。2016年1月12日，在十八届中央纪委六次全会上，习近平总书记指出，全面从严治党

---

① 王雅菲：《十八大以来党内法规执行模式的创新研究》，2018年兰州大学硕士论文。

是各级党组织应该承担的重要和神圣的职责，必须充分地担负起全面从严治党的主体责任。只有心中有责，才能始终牢记使命、勇于担当，才能在实践中自觉地履行职责。没有责任制，任务就落实不下去。落实全面从严治党主体责任即是对各级党委（党组）提出的明确的政治要求，也是其应该忠诚履行的法定职责，各级党组织需要不断提高政治站位，以扎实的工作和务实的作风将全面从严治党引向深入。因此，党委能否落实好主体责任，关键在主体责任这个"牛鼻子"牵得怎么样。落实主体责任，关键是要把党的领导落到实处。同理，落实执行主体的责任，就是要将党内法规落到实处。

六、注重营造良好的党内法规执行环境

党内法规执行环境会潜移默化地影响法规的贯彻执行。由于我国经历了两千多年的封建社会，人际关系比较复杂，"人情""面子"等观念普遍存在，在执行法规的过程中，往往会受到影响和束缚。再加上个人的思想认识水平不高、党性修养缺失、价值观蜕变等主观因素的限制，进而迫使权力沦为其交易的工具，不能正常执行相关规定。[1]所以，法规制度的执行环境会制约法规的执行，影响执行效果。执行环境良好，法规执行就会顺利，反之，则会受阻。因此，我们注重良好的执行环境的营造，尤其是党的十八大之后，我们党更是持续营造良好的法规执行环境、培树风清气正的良好政治生态，取得了明显的效果。

七、加强党的制度体系建设

对于党的建设和发展来说，制度至关重要。党内法规的存在是制度得以执行的基本前提。但制度以何种方式呈现出来才能被更好地遵守和执行呢？这个问题是关乎制度能否顺利执行的根本问题。100年来，我们党通过制度建设和执行实践得出一条基本经验：制度不能以零散的要素形式而孤立存在，那样会使制度显得势单力孤，不利于其有效执行，有的还容易遭到破坏。最

---

[1] 梁静：《全面从严治党视角下党内法规制度执行力研究》，《人民法治》2017年第2期。

重要的是要制定党内法规制度体系，更好地发挥其制度合力。换言之，就是必须使制度要素之间有机共融、良性互补，最终形成一个完整的制度体系，以发挥出制度的最佳效应。但党内法规体系也不是制度要素的简单大杂烩，而是有着贯穿其中的内在逻辑，从而使得制度要素衔接流畅、浑然一体，如此方能形成制度体系。因此，如果缺乏足够多的制度数量的支撑，或者彼此之间没有内在的逻辑体系，都形成不了制度体系。这是基于我们党100年的制度执行实践得出的基本经验。

八、强化党的制度执行监督

"我们的制度不少，可以说体系基本形成，但不要让它们形同虚设，成为'稻草人'，形成'破窗效应'。很多情况没有监督，违反了也没有任何处理。这样搞，谁会把制度当回事呢？"[1]制定一项好的制度不容易，但关键还是如何使制度落实下去。大量的党内法规执行实践表明，对制度执行的监督，可以确保制度的真正执行，防止党的制度变形走样。严格的监督是保障党内法规得以执行的有效方式。

一定意义上说，执行主体是党内法规执行中最主要的监督主体，它的作用不可小觑。因为执行主体直接对执行过程的方方面面进行指导和监督，以便及时调整执行策略。同时，对于制度执行中出现的违规行为给予一定的惩戒、追责、问责。这也是执行主体发挥作用的重要形式。诚然，制度是由人来执行的，但制度的执行又不能完全依靠人的自觉性，因为人在制度执行的过程中总是掺杂着主观性。正如列宁所指出的那样："依靠信念、忠诚和其他优秀的精神品质，这在政治上是完全不严肃的。具有优秀精神品质的是少数人。"[2]言外之意就是，在如何执行制度的问题上，要对制度执行过程进行不遗余力的监督。习近平总书记指出："执纪监督的过程，就是规范行为的过

---

[1] 中共中央纪律检查委员会、中共中央文献研究室：《习近平关于严明党的纪律和规矩论述摘编》，中央文献出版社、中国方正出版社2016年版，第81页。

[2] 《列宁选集》第4卷，人民出版社1995年版，第679页。

程，就是纠偏补正的过程。"①正是鉴于执行监督的重要性，我们党历来十分重视监督管理，并建立起制度执行的监督机制，不断强化对制度执行的监督检查，从而不断地维护制度的权威和公信力。②

---

① 习近平：《之江新语》，浙江人民出版社2007年版，第70页。
② 胡国喜：《中国共产党制度执行力问题研究》，中共中央党校2013年博士论文。

第三章 提高党内法规执行力的逻辑理路

党的十八大以来,我们党胸怀和统筹"两个大局",着眼于新时代、新形势、新任务,不断推进从严治党。而全面从严治党,最根本的制度保障就是党规党纪,即依规治党。正如美国一个著名学者所言:"在实现政策目标的过程中,方案确定的功能只占10%,而其余90%取决于有效的执行。"[①]虽然这句话谈的是政策执行,但是于党内法规同样适用。可见,执行环节对党内法规效果尤为重要。

第一节 提高党内法规执行力的现实依据

任何政党的执政活动都不会脱离现实而存在,也离不开当时特定的政治、经济、文化环境。事实上,政党作为特殊的政治组织,总是处于纷繁复杂的环境当中,并不断与其发生互动。也就是说,随着执政环境的不断变化,中国共产党所要承担的任务更加艰巨,这对党的执行力也提出了新的更高的要求。所以,我们在研究党内法规执行力之前,对党内法规执行所面临的客观环境进行分析是非常必要的,本书主要是从中国共产党所面临的国际和国内背景两个方面进行分析。

随着一代又一代中国共产党人的接力奋斗,中国特色社会主义进入了新时代。我们党所面临的国内外执政环境正在发生深刻变化,总的来说机遇与挑战并存。中国共产党怎样加强自身建设,抓住机遇,获得社会主义事业的

---

① 王福生:《政策学研究》,四川人民出版社1991年版,第67页。

成功,这是摆在每一位共产党员面前的现实课题。

一、世情:国际新环境对党的制度建设提出了新的挑战

21世纪是一个充满挑战、希望和变数的新世纪。当前,国际环境正在发生深刻变化。随着冷战的结束,虽然世界仍有局部冲突和战争,但和平与发展已然是时代的主题。尽管个别国家的霸权主义立场和争取世界主导地位的做法并未收敛,甚至更加肆无忌惮,但总的来看,世界多极化的趋势愈加明显。经济全球化、经济区域化仍在迅速推进,以信息、生物和材料技术为特征的新一轮科技革命势头不减,世界范围的产业转换和结构提升已经展开,全球资本转移、生产分工和合作超过历史上任何时期。另外,世界政坛刮起所谓的政治民主化风潮也逐渐蔓延。所有这些,对我们全面建设社会主义现代化国家,巩固党的执政地位,提高党的执政能力,都是一个极其难得的战略机遇。

但同时我们也应当看到,世界发展的这种态势,一方面为我们提供了难得的历史机遇,使我们有机会融入世界发展进步的潮流。另一方面也使我们面临严峻的挑战。面对波谲云诡的国际形势、复杂敏感的周边环境、艰巨繁重的改革发展稳定任务,我们必须始终保持高度警惕。世界大变局加速深刻调整,全球动荡源和风险点增多,我国外部环境复杂严峻。全球化的当今世界,不但各国利益相互交织,风险也同样交织。我国现在仍然是一个发展中国家,在同西方发达国家的国际竞争中总体上处于不利地位,再加上西方敌对势力并没有放弃对我国"西化""分化"的政治图谋,反而加紧对我国进行渗透和破坏活动。在这样的环境下,对执政的中国共产党来说,如何在全球化中抓住机遇,创造出比资本主义高的社会生产力?如何使中国经济在同世界经济的融合中回避风险,确保安全,维护民族的根本利益?如何在思想多样化和各种文化的相互激荡中,坚持以马克思主义为指导的中国特色社会主义文化,保持马克思主义意识形态的主体地位?如何在政治多极化的潮流中始终保持自身政治的独立性,不被孤立?如何在信息技术高度发展的互联网时代,让网络真正成为传播思想、文化的新平台,有效地开展党的宣传思

想工作，而不被国内外敌对势力占领、觊觎？如何在同西方国家的多方面的交往中更进一步地体现和加强党的领导？如何保证我国企业更好地遵守国际惯例，有效公平地参与国际竞争与合作？所有这些问题的解决，不仅取决于我们党以什么样的思想观念对待瞬息万变的世界、对待马克思主义，而且取决于我们党制定什么样的制度和体制来适应发展变化的形势。更需要我们创造一个良好的国际政治、经济的新秩序和国际文明的新秩序。

当前，中国共产党必须高举和平、发展、合作的旗帜，推动建立国际政治经济和国际文明的新秩序，才能在激烈的国际竞争中始终掌握主动，为我国的社会主义现代化建设创造一个良好的外部环境。也只有科学分析和研判新世纪波谲云诡的国际形势，才能在纷繁复杂的国内外形势面前任凭风浪起，稳坐钓鱼台。因此，我们必须进行体制和制度创新，革除之前体制的弊端，只有这样我们才能以更加积极、昂扬的姿态应对国际环境变化的挑战，从而经得起时代的考验。

当今的国际环境对中国共产党的执政能力提出了严正挑战，而要应对挑战离不开党的强有力的领导，更离不开党的制度建设，离不开党内法规的有效执行。这是我们迎接挑战、应对风险的强有力的制度保障。

二、国情：建设中国特色社会主义事业的必然选择

党的十九大报告指出："九十六年来，为了实现中华民族伟大复兴的历史使命，无论是弱小还是强大，无论是顺境还是逆境，我们党都初心不改、矢志不渝，团结带领人民历经千难万险，付出巨大牺牲，敢于面对曲折，勇于修正错误，攻克了一个又一个看似不可攻克的难关，创造了一个又一个彪炳史册的人间奇迹。"[①]十九大报告不仅是一部非常严肃的政治报告，而且是一篇非常优美的大文章。报告用形象生动的语言，对我们党百年来所走过的光辉历程和取得的辉煌业绩进行了高度概括。让我们对党波澜壮阔的历史进行了简单的回顾，从中感受到了一代又一代共产党人接力奋斗的不易，也深为

---

① 《党的十九大报告学习辅导百问》，党建读物出版社、学习出版社2017年版，第12页。

取得的丰硕成果感到无比自豪。

以毛泽东同志为主要代表的中国共产党人，把马克思列宁主义基本原理同中国革命具体实践结合起来，完成了新民主主义革命，建立了中华人民共和国，确立了社会主义基本制度，为当代中国的发展进步奠定了根本政治前提和制度基础。从而为在新的历史时期开创中国特色社会主义提供了宝贵经验、理论准备、物质基础。

党的十一届三中全会以后，以邓小平同志为主要代表的中国共产党人，深刻总结我国社会主义建设正反两方面经验，借鉴世界社会主义历史经验，提出一个中心、两个基本点的基本路线，科学回答了建设中国特色社会主义的一系列基本问题，成功开创了中国特色社会主义。

党的十三届四中全会以后，以江泽民同志为主要代表的中国共产党人，在国内外形势十分复杂、世界社会主义出现严重曲折的严峻考验面前，成功捍卫了中国特色社会主义，并将其顺利推向21世纪。

党的十六大以后，以胡锦涛同志为主要代表的中国共产党人，根据新的发展要求，抓住重要战略机遇期，在全面建设小康社会进程中推进实践创新、理论创新、制度创新，成功在新的历史起点上坚持和发展了中国特色社会主义。

党的十八大以来，党中央团结带领全党全国各族人民，全面审视国际、国内的新形势，通过总结实践、展望未来，深刻回答了新时代坚持和发展什么样的中国特色社会主义、怎样坚持和发展中国特色社会主义这个重大时代课题，形成了新时代中国特色社会主义思想，坚持统筹推进"五位一体"总体布局、协调推进"四个全面"战略布局，坚持稳中求进工作总基调，对党和国家各方面工作提出一系列新理念、新思想、新战略，推动党和国家事业发生历史性变革、取得历史性成就，中国特色社会主义进入了新时代。①

艰难困苦，玉汝于成。尤其是改革开放40多年来，我们解放思想、实事求是，大胆地试、勇敢地改，干出了一片新天地。从实行家庭联产承包、乡镇企业异军突起、取消农业税牧业税和特产税到农村承包地"三权"分置、

---

① 习近平总书记在改革开放40周年大会上的讲话。

打赢脱贫攻坚战、实施乡村振兴战略，从兴办深圳等经济特区、沿海沿边沿江沿线和内陆中心城市对外开放到加入世界贸易组织、共建"一带一路"、设立自由贸易试验区、谋划中国特色自由贸易港、成功举办首届中国国际进口博览会，从"引进来"到"走出去"，从搞好国营大中小企业、发展个体私营经济到深化国资国企改革、发展混合所有制经济，从单一公有制到公有制为主体、多种所有制经济共同发展和坚持"两个毫不动摇"，从传统的计划经济体制到前无古人的社会主义市场经济体制，再到使市场在资源配置中起决定性作用和更好发挥政府作用；从以经济体制改革为主到全面深化经济、政治、文化、社会、生态文明体制和党的建设制度改革，党和国家机构改革、行政管理体制改革、依法治国体制改革、司法体制改革、外事体制改革、社会治理体制改革、生态环境督察体制改革、国家安全体制改革、国防和军队改革、党的领导和党的建设制度改革、纪检监察制度改革等一系列重大改革扎实推进，各项便民、惠民、利民举措持续实施，使改革开放成为当代中国最显著的特征、最壮丽的气象。

改革开放40多年来，我们始终坚持以经济建设为中心，不断解放和发展社会生产力，提升我国的综合国力，我国的国际地位空前提高，经济发展也是突飞猛进，凯歌高奏。国内生产总值实现了历史性突破，到2020年已突破100万亿元大关，远高于同期世界经济发展的年均增速。我国经济发展对世界经济增长贡献率达到30%多，超过了美国、欧元区和日本三个单元的总和，说明中国经济对世界经济的发展作出了突出贡献。我国主要农产品产量增长迅猛，跃居世界前列，建立了全球比较完备的现代工业体系，门类更加齐全，科技创新成果显著，天宫、天眼、悟空、墨子、航母、大飞机等高科技成果相继问世。我国基础设施建设稳扎稳打，步步为营，成就显著。不仅信息畅通，而且高坝矗立，南水北调，西气东输，交通发达，巨轮远航，飞机翱翔，天堑变通途。现在，我国是世界第二大经济体、制造业第一大国、货物贸易第一大国、商品消费第二大国、外资流入第二大国，我国外汇储备连续多年位居世界第一，中国人民在富起来、强起来的征程上迈出了决定性的步伐！这一切成就的取得，都离不开党的坚强领导，离不开制度建设的可靠保障，否则，一切都是空谈。

新世纪，我国社会主义建设虽然取得了巨大成绩，但是也不可避免地存在诸多的新情况、新问题，这对党的建设也提出了新的更高的要求。

（一）防范化解风险、维护国家安全需要制度保障

2019年1月21日，习近平总书记在中央党校省部级主要领导干部"坚持底线思维　着力防范化解重大风险专题研讨班"上发表重要讲话，他强调："深刻认识和准确把握外部环境的深刻变化和我国改革发展稳定面临的新情况新问题新挑战，坚持底线思维，增强忧患意识，提高防控能力，着力防范化解重大风险，保持经济持续健康发展和社会大局稳定，为决胜全面建成小康社会、夺取新时代中国特色社会主义伟大胜利、实现中华民族伟大复兴的中国梦提供坚强保障。"[①]当前，我国面对的国内外形势总体看好，但不容忽视的是，也存在着一些突出的矛盾和问题。面对如此形势，习近平总书记总是非常理智，也非常理性，且具有非常强的忧患意识。在此次研讨班上，习近平总书记就防范化解政治、意识形态、经济、科技、社会、外部环境、党的建设等领域重大风险作出深刻分析，提出明确要求。

他告诫我们要居安思危，要防范化解政治安全、经济安全、科技安全、社会安全、外部环境安全和反腐败方面的重大风险，以不变应万变。他指出："看到形势发展变化给我们带来的风险，从最坏处着眼，做最充分的准备，朝好的方向努力，争取最好的结果。"这次研讨班不仅级别高，而且十分紧急，是在对形势和任务研判基础上举办的高规格班次。应对国内外瞬息万变且异常复杂的形势，是举办这次研讨班的根本目的所在。

比如面对政治安全方面的风险，新冠肺炎疫情期间，以美国为首的西方国家各种甩锅、抹黑中国，各种推卸责任，并且还频繁挑起事端。面对国家安全出现的新情况，我们必须树立总体国家安全观，制定相关方面的制度规定，确保我国政治安全。

经济安全方面。虽然受新冠肺炎疫情影响，我国经济受到了一定程度的

---

① 2019年1月21日中共中央总书记、国家主席、中央军委主席习近平在省部级主要领导干部坚持底线思维着力防范化解重大风险专题研讨班开班式上发表的重要讲话。

冲击，但是总体形势向好，经济平稳有序运行。在此情况下，我们更应该健全相关制度，做好政策出台对金融市场影响的评估，加强市场监测和监管，切实解决中小微企业融资难、融资贵问题。要精准研判，妥善应对经济领域可能出现的重大风险，以确保我国经济安全。科技领域安全是国家安全的重要组成部分。世界新一轮科技革命如火如荼，我们能否抢抓机遇，就是当前面临的最大风险，因此一是要加强国家创新体系建设，加快补短板、强弱项，建立自主设计和研发的具有自主知识产权的制度机制，建立完善产学研协同创新机制。二是要强化事关国家安全和战略全局的重大科技任务的统筹，加快科技安全预警监测体系建设，加快推进相关立法。

社会安全方面。从保障群众合法权益、打击犯罪两个方面维护社会大局稳定，落实相关制度措施，不断增加人民群众幸福感、安全感。加大对涉众型经济案件打击力度，继续推进扫黑除恶专项斗争，在标本兼治上下功夫。完善立体化社会治安防控体系，推进社会治理现代化，健全社会协同机制，从源头上维护社会稳定。外部环境安全方面。当前，世界处于百年未有之大变局中，不可测、不可控因素明显增多，全球风险点持续增多。面临外部环境的重大挑战，我们一是要制定相关政策措施有效防范各类风险。二是要加强海外重大项目和人员机构等利益保护。三是要加强"一带一路"安全保障体系建设，为我国改革发展稳定营造良好外部环境。维护国家安全，关键在于防范和化解重大风险。因此，各级党组织和广大党员干部要将党制定的路线方针政策贯彻执行好，真正使其落地生根。

（二）要解决发展过程中存在的不平衡、不充分的矛盾，需要我们不断加大制度建设

根据国内、国际形势和我国所处历史方位的变化，党的十九大报告将我们沿用了36年的主要矛盾做了调整，变化为"人民日益增长的美好生活需要和不平衡不充分的发展之间的矛盾"。因为，随着"落后的社会生产"从总体上一去不复返，人民的需要层次也不仅仅停留在物质文化的层面，我们对政治、经济、文化、社会、生态，公平、正义、民主、法制等方面的需求与日俱增。解决发展的不平衡、不充分问题成为摆在我们面前的突出问题。其实，从客观角度来说，这一矛盾的根源还是供给相对不足的问题；从主观维度来说，则是调节相对不够的问题。因此，人民日益增长的美好生活需要和不平衡、不充分的发展之间的矛盾，仍然是需求与发展不协调，追根溯源则是生产力与生产关系的复杂矛盾。因此，新时代的主要矛盾，不仅要解决好人与物、人与自然的关系，而且要进一步解决好人与人、人与社会的关系，特别是要解决好城乡、区域、不同阶层、不同群体之间发展不平衡的问题。解决好这个矛盾，既要进一步发展生产力，大力提升发展的质量和效益，也要从多方面调整生产关系、完善上层建筑，尤其是通过完善的制度设计，使党的好政策落地，真正体现以人民为中心的发展思想，实现全体人民的共同富裕。①

（三）社会主义市场经济的建立和发展需要制度保障

经济市场化是我们党的伟大创举，但是我们如何在这场伟大变革中将社会主义与市场经济有机地结合起来，真正创造出社会主义市场经济这一崭新的经济制度？如何运用市场经济规则激发国有企业和公有制的生机和活力？如何既追求发展速度和效率，又能避免两极分化，维护社会公平正义，更好地体现社会主义制度的优越性？目前，中国社会经济正处于战略机遇期，既是黄金发展期，也是矛盾凸显期。这都需要我们党很好地进行制度设计，发挥优势，规避风险，这是关系到党和国家前途命运的大事。社会主义市场经济是法治经济、执行经济，重落实、讲规则，是我们面对的全新制度环境。在这个新环境下，如何因势利导，发挥制度建设的积极影响，遏制其消极影响，已经成为摆在我们党面前的一个突出问题。

（四）我国全面深化改革也需要制度建设加以保障和推进

全面深化改革，要避免社会经济震荡、减少风险，较好地处理改革、发展和稳定的关系。这是中国改革比较成功的秘籍。尤其是党的十八大以来，我们以巨大的政治勇气和智慧，推出1600多项改革方案，改革呈现全面发

---

① 唐洲雁：《正确把握新时代主要矛盾的转化》，前线网——《前线》杂志 http://theory.people.com.cn/n1/2018/0102/c40531-29739560.html。

力、多点突破、蹄疾步稳、纵深推进的局面。①但同时，我们也应当注意到改革所带来的突出的矛盾和问题。事实上，改革就是利益的重新分配和调整，就会触动很多人的利益，这也是改革步履维艰的原因所在。比如医改、房改、教改喊了很多年，但是收效甚微，就是利益相对固化，谁也不愿意自身的利益有变化。有的一开始时是改革的支持者或是推动者，一旦涉及自身的"奶酪"被剥夺的时候，就有可能成为改革的阻力。同时，由于改革遵循着稳中求进的原则，着眼于利益格局的"稳健"调整，因此改革的每一个措施都多少表现出一定的不彻底性，所以需要适时地对已出台的政策进行调整。但当一种政策或制度制定后，所形成的利益格局容易形成新的习惯势力，给制度执行带来难度。由此可见，我国全面深化改革尽管取得了重大成就，但其消极方面也不可忽视。这些都需要我们党加强制度建设，适时调整国家相应的政策、方针，不断提高制度执行力，以有效应对改革中出现的风险和挑战。

（五）完成"两个百年"奋斗目标和实现伟大复兴中国梦的客观要求

坚持和发展中国特色社会主义，总任务是完成"两个百年"奋斗目标和实现中华民族伟大复兴。在向着伟大复兴梦想前进的征程中，我们必须坚定道路自信、理论自信、制度自信、文化自信。

中国特色社会主义道路是实现社会主义现代化的必由之路。历史充分证明，我们找到一条适合中国国情的社会主义道路非常的不容易，是我们党历经千辛万苦，付出巨大代价找到的，沿着这条道路走下去，我们取得了巨大的成绩，因此必须坚定不移地继续走下去。

马克思主义理论是被实践证明了的科学理论，是指导我们认识世界、改造世界的强大思想武器，是治党治国的根本指导思想。中国特色社会主义理论体系是在马克思主义指导下创立的，也是指导我们党实现中华民族伟大复兴的与时俱进的科学理论。

中国特色社会主义制度是当代中国发展进步的根本制度保障，具有鲜

---

① 习近平总书记在改革开放40周年大会上的讲话。

明的中国特色。当前在世界共产主义运动陷入低潮之际，中国特色社会主义却一枝独秀、风景这边独好。当前，在中国特色社会主义制度的示范和引领下，世界共产主义运动正在掀起一个小小的高潮。

中华文明是迄今为止唯一一个完整保留下来且没有中断的文明。尽管我国经历了历朝历代的更替，其间战乱频仍，但五千多年中华文明中孕育的中华优秀传统文化，以及党和人民伟大斗争中孕育的革命文化和社会主义先进文化，是中华民族最深层的精神追求和精神标识。

文化自信，是更基础、更广泛、更深厚的自信。坚定道路自信、理论自信、制度自信、文化自信，必将为我们实现"两个一百年"奋斗目标、实现中华民族伟大复兴的中国梦提供强大动力和有力保证。而要实现我们所确立的宏伟目标，就要求我们党不断进行制度创新，提高制度的执行力，将我们所绘制的美好蓝图真正变为现实。

三、党情：加强党内政治生态建设的内在需要

党的自身建设需要先进的制度作保障。经过一代又一代共产党人的接力奋斗，我们党所处的历史方位发生了重要变化。已经从一个领导人民为夺取全国政权而奋斗的党，成为一个领导人民掌握着全国政权并长期执政的党。已经从一个曾经在受到外部封锁的状态下领导国家建设的党，成为在全面改革开放条件下领导国家建设的党。现阶段，党的自身建设要求有先进的制度作保障并加以贯彻落实。尤其是在推进四个全面战略和伟大复兴中国梦的关键时期，执行力就显得尤为重要。

当前，就我们党的总体状况来说是好的，也取得了骄人业绩。但是，我们党内也存在着种种突出的矛盾和问题需要处理。比如说在一定程度上存在着管党治党宽松软的情况、基层党组织软弱涣散甚至瘫痪的现象。"四大考验""四大危险""八大斗争"也是亟待解决的现实问题。具体来说，在一些地方和部门，教条主义滋长，一些领导干部不是把功夫下在解决实际问题上，而是不思进取、得过且过。这在一定程度上与这些干部的理论素养和精神状态有关，但是归根结底，是由于现行的干部人事制度缺乏一定的科学

性,民主、竞争机制在领导干部选拔、任用和考核评价中还不到位,对那些平庸者缺乏应有的制约力。比如,在一些单位和部门,四风问题始终没有得到有效治理,尤其是形式主义、官僚主义盛行,弄虚作假现象比比皆是,虚报浮夸严重,这些都与现行干部选任制度密切相关。比如,在一些单位和部门,以权谋私、享乐主义蔓延,甚至出现领导干部塌方式腐败①的严重现象。此类腐败不仅破坏了政治生态,还严重损害了各级党和政府的形象,损害了群众的利益。众所周知,2013年至2014年,山西政界发生"矿难",2011年产生的13位常委已有7人调任或下马。此外还有河北省委常委班子成员出现的问题,在一定意义上也是塌方式腐败的典型。还有一些党员干部存在着不思进取、得过且过;工作敷衍、作风漂浮;好大喜功、急功近利;随心所欲、自搞一套;心态浮躁、追名逐利;弄虚作假、欺上瞒下;明哲保身、患得患失;贪图享受、奢侈浪费;以权谋私、与民争利;高高在上、脱离群众等现象。党的建设可谓任重而道远。就目前的制度建设和执行情况来看,还存在许多薄弱环节。要解决这些问题,就需要不断加强党的制度建设,并不断提高制度的执行力。

凡此种种,需要我们从制度和体制方面深入思考。这些问题的存在,归根到底是"官本位"在作怪。"官本位"既是思想意识问题,又是一个体制机制问题。以上分析警示我们,党的建设的重点是制度建设。要使各级领导干部密切联系群众、全心全意为人民服务,牢记宗旨,除了在党内经常进行党的宗旨教育和马克思主义权力观教育,使他们真正认识到权力观的基本问题,关键还是要建立一套促进党员干部密切联系群众、保持清正廉洁的制度,尤其是权力运行制度,防止四风问题的滋生和蔓延。

发展党内民主是党的建设中的关键环节,维护党的团结和统一,制度建设更为重要,需要从制度层面改进和加强。只有进一步完善民主集中制的各项制度和党的领导制度及工作机制,从制度体系上保证民主集中制的正确执行,才能在党内形成生动活泼的政治局面,有效地抑制和防止独断专行、软弱涣散、任人唯亲等不正之风的发生。总之,新时代党的作风建设的加强和

---

① 塌方式腐败就是短期内出现的系统性腐败问题。也指"一窝黑""一班蛀"。

改进，也内含制度建设问题，亟须把制度建设放到重要位置。

当前，从我们党存在的问题看，必须高度重视和加强制度建设，始终将制度建设贯穿于党的政治建设、思想建设、组织建设、作风建设、纪律建设等各项建设中。因为许多问题的产生，是与某些制度、体制中的弊端有着密切联系的。要解决这些现实问题，构建良好的党内秩序，根本上要靠依规治党，即执行党内法规。比如，在反腐败方面，自党的十八大以来，我们坚持老虎苍蝇一起打，对腐败实行零容忍，查办了一系列大案、要案，彰显了党中央反腐败的坚定信心和坚强决心。正如党的十九大报告所说的那样，全面从严治党成效卓著。但是，尽管中央强力反腐取得了巨大成绩，形成了强烈震慑，但面对反腐败斗争的严峻形势，一些腐败分子仍然一意孤行，不收手、不收敛，甚至变本加厉，使得党内政治生态遭到严重污染。面对这些问题，我们不仅制定、完善了制度，而且不断提高制度执行力，收到了可喜的成效。回顾党的十八大以来的这几年，正是因为党中央切实将纪律和规矩挺在前面，标本兼治，把权力关进制度的笼子，先后出台、修订与实施了一系列诸如《中国共产党纪律处分条例》《中国共产党党内问责条例》《中国共产党党内监督条例》《中国共产党支部工作条例》等党内法规，促使全面从严治党向纵深发展，其制度能量不断得以释放，权力"任性"的空间得到有效控制，反腐败斗争压倒性态势已经形成。诚然，腐败问题只是党内存在的问题之一，但不可否认，这些问题的解决在本质上具有共性，其中，坚定党员干部的理想信仰、强化纪律和规矩意识是一方面，更为重要的则是依靠党内法规有效管党、治党，从而不断加强党的建设，提高党的建设科学化水平。

第二节 提高党内法规执行力的价值意蕴

一、全面提高党的制度建设科学化水平的必然选择

党的十七届四中全会提出了"提高党的建设科学化水平"的重大命题，

在党的十八大报告中，第一次出现"全面提高党的建设科学化水平"的概念，这不仅是党的建设的成功经验，也是新时代对党的建设的新期许，具有很强的指导意义。全面提高党的建设科学化水平，关键是推进管党、治党科学化。而管党、治党最重要的就是靠制度建设。党内法规作为制度之利器，管党、治党的重要抓手，只有确保其权威运行，才能推进全面从严治党，全面提高党的制度建设科学化水平。

党的制度建设科学化，不仅体现在制度内容的科学设置方面，还体现在制度的有效执行方面。制度执行是否到位，关系到制度建设的成效。一定程度上，制度的权威性取决于制度执行的刚性，如果制度不能有效执行，势必损害制度的权威性，甚至使党的制度建设科学化水平大打折扣。俗话说，人无信不立，法无威不严。而党内法规的权威更多地体现在其执行环节中，如果只制定、不执行，再好的法规制度也是形同虚设，难以发挥效用。所以，提高党内法规执行力，是提高制度建设科学化水平的关键，也是我们党在新形势下永葆生机活力的关键环节和治本之策。①

二、有利于推动全面从严治党目标的实现

无论是实现中华民族伟大复兴的"中国梦"，还是新时代加强党的建设，都必须坚定不移地推进全面从严治党。而全面从严治党，关键是依规治党。提高党内法规执行力则是一个重要方面，这样有利于全面从严治党的贯彻执行。试想，如果一个国家法治不彰，就会出现落后和倒退，政党亦然。一个组织、一个政党走向科学化的标志在于制度执行的高水准。如果党内法规得不到有效执行，全面从严治党就是空中楼阁，其各项规范也就形同虚设，实施效果也就无从谈起，党内法规必然丧失严肃性与权威性。从党内法规执行上看，依然存在一些"有规不依、违规不究"的不良现象。这种现象的存在极大地影响了党员干部和群众对党内法规权威性的接受与认同。由此，应健全党内法规的运行机制，提高党内法规的执行力，有效彰显党内法

---

① 居继清、何旗：《增强党的制度执行力的几点思考》，《理论探索》2011年第4期（总第190期）。

规在全面从严治党中的制度优势，充分发挥党内法规的刚性约束作用。

同样，制度的效能取决于制度的执行力。党内法规的效能取决于党内法规的执行情况。只有有效执行，才能达到党内法规的制定初衷。所以说，切实贯彻执行党内法规对于制度本身而言，不仅能增强党内法规的可行性，而且也能充分发挥党内法规管党治党的实际效能。因为，党内法规只有在实际执行中，其存在的问题才会显现出来。而如果党内法规没有被有效地贯彻执行，那法规本身的缺陷就无从知晓，其效用也得不到全面发挥。一般而言，党内法规只有刚出台或即将被执行的时候，各级党组织才会高度重视。此时，不仅会加大党内法规的宣传力度，而且还会通过各种方式组织引导党员去学习、领会党内法规，但随着热潮褪去其影响力也会降低。因而，发挥法规的效能应体现长效机制，形成思想自觉和行动自觉。要时刻将法规谨记于心，然后身体力行。

三、推进国家治理体系和治理能力现代化的内在要求

进入新时代，我们党要团结带领人民坚持和完善中国特色社会主义制度、推进国家治理体系和治理能力现代化，就必须不断健全提高党的执政能力和领导水平。

党内法规不仅是管党、治党的利器，也是国家各项事业发展的制度保障。加强党内法规建设，是全面深化改革和依法治国的重要内容，要紧紧围绕推进国家治理体系和治理能力现代化来进行。只有不断提高党内法规执行力，才能推进党的制度建设健康发展，为全面深化改革提供有力保障；才能把党要管党、全面从严治党落到实处；党员干部带头尊法守法，才能在全社会形成法治氛围；才能体现制度刚性约束与人的主观能动性的完美结合，使国家治理体系和治理能力现代化相互促进、相得益彰。

党的十八大以来，通过不断的宣传贯彻，广大党员干部对党内法规与国家治理体系的关系有了深入的理解和认识。事实上，要实现整个国家和社会的有效治理，法治是有力保障。党内法规作为社会主义法治的有力补充，在一定程度上助推依法治国的发展，依法治国的实施，又反过来对整个社会发

展和国家乃至社会治理起到促进作用。当前，不断提高党内法规执行力，可以确保社会政治生活规范化，从而推进国家治理法治化和现代化。①

四、增强党的凝聚力和战斗力的有力武器

制度的生命力在于执行。毛泽东同志曾经说过："加强纪律性，革命无不胜。"②坚持制度治党，重要的是提高党内法规执行力，从而保证党的决定得到有效贯彻落实。习近平总书记曾多次强调，"我们党是靠革命理想和铁的纪律组织起来的马克思主义政党，纪律严明是党的光荣传统和独特优势"；"如果党规党纪成了摆设，就会形成'破窗效应'，使党的章程、原则、制度、部署丧失严肃性和权威性，党就会沦为各取所需、自行其是的'私人俱乐部'"③。因此，我们必须严明党的纪律和规矩，使制度真正成为"24小时带电的高压线"。党的十八大以来，党中央把守纪律、讲规矩摆在突出位置，反复强调要严格敬畏法纪、遵守规矩。习近平总书记还指出，严明党的纪律和规矩要从遵守党章入手，强化民主集中制原则和程序观念，决不允许"上有政策、下有对策"，有令不行、有禁不止，在贯彻执行党中央决策部署上打折扣、做选择、搞变通。当前，我们应该不断加强纪律教育，增强党员干部的守规意识，提高党内法规执行力，这对于进一步增强党的凝聚力和战斗力，维护党的团结统一具有重要意义。

五、增强制度执行力是提高党的执政能力的题中应有之义

中国是一个拥有14亿多人口的大国，而我们党是在国内外情况异常复杂的形势下执政的无产阶级政党。尤其是新冠肺炎疫情爆发以来，国际形势更是风云变幻，甚至波涛汹涌、暗流涌动，前进的道路上还有许多"娄山

---

① 《提高党内法规制度执行力课题研究报告》（摘登），中国共产党新闻网http://dangjian.people.com.cn/n1/2016/0301/c117092-28162608.html。

② 刘先廷：《毛泽东军事辩证法论纲》，解放军出版社1993年版，第264页。

③ 中共中央纪律检查委员会、中共中央文献研究室：《习近平关于党风廉政建设和反腐败斗争论述摘编》，中央文献出版社、中国方正出版社2015年版，第33页。

关""腊子口"需要我们去攀登和跨越。如今，我们站在了"两个一百年"奋斗目标的历史交汇点上，成就举世瞩目，但我们也深知滚石上山、爬坡过坎的艰难，同时我们也面对着"四大考验""四大风险"，只有不断地增强党的执政本领、提升执政能力，才能有效应对这些风险和挑战。而提高党的执政能力，是执政党面对的一项根本任务，是进一步巩固党的执政地位、完成执政使命的必然要求，是我们新时代需要面对和解决好的重大课题。党的执政能力反映的是我们党制定和实施路线、方针、政策的能力。而制度执行力作为党的执政能力的重要组成部分，成了关键中的关键。增强党内法规执行力，是提高党的执政能力题中应有之义。良好的制度执行力是确保中共中央政令畅通的首要条件，党内法规能否在基层得到有效贯彻落实，落地生根、开花结果，是衡量一个执政党执政能力的重要标志。严格落实党内法规，提高党内法规的执行力，增强依规治党的自觉意识，是保持党的先进性和纯洁性的法宝。党的执政实践表明：提高党内法规执行力，有利于提升依法执政水平，同时也有利于整个国家的长治久安。

如今，中共中央加快了全面从严治党的步伐，管党、治党不断向前推进并向纵深发展，这就需要从根本上提升党内法规执行力。充分发挥党内法规管党、治党的作用和巨大威慑力，对党员干部严加管理和约束，充分发挥先锋模范作用，从而以9000多万党员的榜样力量示范带动14亿多中国人民，拧成一股绳，万众一心，其利断金，不断夯实党的执政基础，进一步巩固党的执政地位。

六、增强制度执行力是提升党的信任度的有力保障

党的信任度是我们党在长期的革命、建设和改革过程中形成的凝聚力、向心力以及人民群众对我们党的满意度、认同度和拥护度的总和。党的制度设计是否科学可行，能否得到有效执行，直接影响到人民对党的信任度。

一般而言，党的制度执行力强，能够不折不扣地做到"有法必依、执法必严、违法必究"，严格按照党纪国法办事，就能取得人民的信任和支持；反之，党内法规执行力就会出现弱化，党在人民心目中的形象就会受损，最终损害的是党和政府的公信力。

比如，现在有一些制度的制定没有经过充分的调研，出台太仓促，看似高大上，但是可操作性不强；有的地方上有政策、下有对策，有的地方不从全局利益出发，大搞地方保护主义，有的时候中央政令都不畅通，使党的好政策落不了地；有的地方打折扣、搞变通，使制度走形变样；一些制度内容被写在纸上、贴在墙上装点门面，成为应付上级检查的摆设。同时，对制度执行不力的情况和行为没有认真追查，进行责任追究，从而使制度的权威性和严肃性受损，也是对制度的公然蔑视和最大伤害，因而绝不能姑息纵容。

如果对违规者姑息迁就、乱开"口子"，只能是让制度"掺水"，大打折扣，降低民众对制度的信任度，削弱制度的执行力。所以，对于执政党而言，要不断提高人民的信任度，就必须把反映人民意愿的各项制度落到实处。①

目前，社会上出现了人民群众普遍信任党中央，而不太信任基层党组织和政府的情况。其中一个重要原因是，党中央制定的许多制度是好的，是反映民意的，都是在充分地调研、反复地论证的基础上提出来的，但在实际执行中却出现了不尽如人意的地方。

---

① 居继清、何旗：《增强党的制度执行力的几点思考》，《理论探索》2011年第4期（总第190期）。

第四章　党内法规执行中遭遇的梗阻及其不良影响

党的十八大以来,党中央根据对我们党内存在问题的分析和研判,提出了更加切实地履行管党治党责任的更高要求,并且将全面从严治党提升至关乎党和国家生死存亡的战略高度。我们党密集制定出台和重新修订了一系列党内的制度规范,形成了进一步科学完备的党内法规制度体系,打破了以往制度停留在口头上、挂在墙上的形式主义做法,强调要以"踏石留印,抓铁有痕"的决心强力执行党内法规,全面从严治党取得了可喜成效,这是有目共睹的。《党的十九大报告》更是用"成效卓著"四字对十八大以来管党治党效果进行了高度概括。同时,我们对腐败实行零容忍的态度,做到小到村支书,大到原中央政治局常委,不管是芝麻粒大的小官,还是位高权重的大官,只要是出了问题,党中央都实行"零容忍"态度,铁面无私,证明了"反腐没有铁帽王",法律和制度面前人人平等。目前,不敢腐的目标初步实现,不能腐的制度日益完善,不想腐的堤坝正在构筑,全面从严治党取得卓著成效。

虽然全面从严治党取得了举世瞩目的成绩,但是习近平总书记告诫我们,面对成绩,我们不能盲目乐观,也不能沾沾自喜、骄傲自满,千万不能满足现状,躺在过去的功劳簿上睡大觉,这是绝对不允许的。习近平总书记始终居安思危,保持着忧患意识和清醒的头脑。在党的十九大期间,他用"三个不能有"对当前的形势进行了研判。他明确告诫全党:在从严管党治党这个问题上,我们不能有差不多了,该松口气、歇歇脚的想法,不能有打好一仗就一劳永逸的想法,不能有初见成效就见好就收的想法。成绩值得肯定,但经验同样值得深入总结。因此,我们决不能盲目乐观、沾沾自喜,全面从严治党永远在路上，且任重而道远。据中国人民大学法学院、国家发展与战略研究院及中国法学会法律评估中心2016年4月10日联合发布的《中国法治评估报告2015》显示，"中共内部法规执行力差评比例高达55.9%"，可见，党内法规的执行不容乐观，深层次的问题正在逐渐显露。①

第一节 党内法规执行力弱化的表现

世界银行曾经针对中国的制度执行情况做过调研，并作出评价，在《2020年的中国》的报告中，用"担忧"二字表达了对制度执行的总体看法。②该报告认为，当前中国不是缺少制度。事实上也确实如此，我们制度不可谓不多，正在形成体系，而且更加规范。就是缺乏执行力，"在一些关键领域，纸上的法规远不同于具体实施的法规"③。

党内法规作为制度体系的重要组成部分，从实践执行状况来看，不尽如人意，执行不力的问题比较突出。"重制定、轻执行"的现象客观存在，制度被搁置、忽视甚至无视的情况常常出现，"有令不行、有禁不止"的问题还较为普遍。习近平总书记指出："诚然，我们的制度体系还要完善，但当前突出的问题在于很多制度没有得到严格执行。"④为了更加深入地了解党内法规执行的实际状况和真实轨迹，笔者进行了抽样问卷调查。针对某省委党校举办的中青年干部读书班、扶贫干部班、高校教师班、全省党校系统师资班等班次，分发了调查问卷。问卷围绕需要了解的当前党内法规执行情况设

---

① 孙振鹏：《中国共产党党内法规制度执行力研究》，中共中央党校2017年硕士论文。

② 莫勇波、张定安：《制度执行力：概念辨析及构建要素》，《中国行政管理》2011年第11期。

③ 李光宇：《论正式制度与非正式制度的差异与链接》，《法制与社会发展》2009年第3期。

④ 习近平：《严格执法，公正司法》，中共中央文献研究室编《十八大以来重要文献选编》上册，中央文献出版社2014年版，第717页。

置问题,详细围绕热点、难点和重点问题进行调研,对187名学员进行了问卷调查。

通过分析发现,学员总体上对当前党内法规执行情况还是比较乐观的。认为对党内法规了解程度比较高和一般的分别占到41.7%和56.7%;对党员干部执行党内法规表示"比较满意""满意"和"基本满意"的分别占到34.2%、38%和26.2%;认为当前党内法规的制定科学和不太科学的分别占到94.6%、4.9%;认为党内法规容易操作、不好操作的分别占到69.5%和17.6%。

这一结果从总体上反映出当前我国党内法规执行情况令人欣慰,在管党治党方面确实收到了成效。但是,不可否认的是,党内法规在执行过程中还存在着差强人意的地方。事实上,我们制定的法规制度没有真正发挥效力,有的还形同虚设,成为"稻草人",进而形成"破窗效应"。据问卷调查显示,1.6%的人对党内法规执行情况不满意;将近5%的人认为党内法规的制定不科学,影响了制度的执行;11.2%的人对党内法规的操作程序不了解。

在有些单位和部门,由于诸多因素的影响,在一些党员干部中,制度意识比较淡薄,遵规守纪的自觉尚未形成,不同程度地存在制度执行不力的情况。目前,党内法规执行不力情况主要表现在以下几个方面。

一、制度空转:党内法规执行虚置

通过调研发现,认为制度存在空档运转、党内法规执行虚置的占到了13.6%。"所谓党内法规执行虚置是指党内法规制度实施一段时间后便无声息,甚至自出台后就根本没有被实施和执行,从而形成'写在纸上,贴在墙上'的制度空转现象。"①比如,有的不是通过制定制度解决问题,只是做表面文章,用制度装点门面,存在形式主义倾向;有的把出台制度当成必须完成的任务,应付了事;有的把制度建设当成捞取政绩的途径和方式,或是应对考核的"加分点",使制度虚置;有的制度建设只重数量、不重质量;有

---

① 邵从清:《论提高党内法规制度体系执行力》,《山东社会科学》2016年第12期。

的制定时高度重视，下发后却置之不理，存在重制定、轻落实的现象。即使偶有检查，也像刮风一样，刮过去就销声匿迹了；还有的制定制度只是为了应付上级检查，满足于制度制定，却很少关心制度执行的效果。比如，在党的群众路线教育实践活动和落实中央"八项规定"精神时，很多地方出台了很多制度性规范，有的还为此建立了长效机制，但落实情况却差强人意；更有甚者，遇事忘法，凭感觉和经验办事，将制度抛在九霄云外。

调查还显示，认为党员干部"遇事想不起按法规制度办"的占比多于50%。说明封建人治的思想在有些党员干部头脑中根深蒂固，挥之不去，人们缺乏法治习惯和法治思维；有的淡忘法规制度，单凭主观感觉和经验办事。遇事忘法，将制度抛在九霄云外；有的工作时不遵章守纪，而是主观臆断，拍脑袋决策；有的认为法规制度是业务部门的事，或是主管领导的事，和自己没有关系，表现为事不关己高高挂起；有的口号喊得震天响，行动起来轻飘飘；有的认为党内法规属于道德约束的范畴，根本没把制度当回事。更有甚者，目无组织、目无法纪，失去对党纪党规应有的敬畏。

比如，湖南衡阳破坏选举案。涉案金额达1.1亿元，涉及56名省人大代表、518名市人大代表、68名代表大会工作人员的衡阳破坏选举案，是1949年以来公开披露的涉案金额最大、涉及党政官员和人大代表最多的一起选举舞弊案。习近平中总书记质问："衡阳的共产党员到哪儿去了？"① 湖南省委原书记徐守盛称该案"通过贿赂破坏选举，是对社会主义民主政治的挑战，对国家法律的挑战，对党纪的挑战，触碰了红线、底线和带电的高压线"。并誓言，要将此案办成经得起历史、人民检验的铁案。②

比如，南充拉票贿选案。据权威资料证实，该案涉及2009年四川评选优秀县委书记、2011年3月南充非定向推荐市厅级领导职务后备人选、2011年5月南充市级领导班子换届民主推荐和2013年5月南充市补选副市长四次选举。这一案件涉案人员477人，其中组织送钱拉票的16人，帮助送钱拉票的227人，接受拉票钱款的230人，失职渎职的4人；涉案金额1671.9万元。该案最后

---

① 《衡阳的共产党员到哪儿去了》，《河南商报》2014年2月25日。

② 徐守盛：《反腐败没有休止符》，《中国纪检监察报》2014年3月10日。

被移送司法机关的33名官员中,有贿选情节的达11人,覆盖时任南充下辖的3区6县一把手。

比如,辽宁贿选案。涉案被法办的省部级高官已有5名。

在这些案件中,那么多党员干部、人大代表、党代会代表一起堂而皇之大肆贿选,践踏宪法和党章的权威,实为党纪国法所不容。他们把权力玩弄于股掌之间,实为对党内法规的极大亵渎。俗话说:天下之事成于惧而败于忽。说的就是他们失去了对党纪国法应有的敬畏,胆子越来越大,最后一发不可收拾。这在一定程度上反映了党内法规执行不力的问题。

"立法而不行,与无法等。"[①]法律如此,党内法规亦然。在党内法规体系建设中,党内法规的科学规范创制是前提,但是要使党内法规"活起来"发挥实效,关键还在于党内法规的有效执行,从而防止制度虚置现象的发生。有学者指出:"中国共产党是一个高度组织化的政党。这种组织化就意味着中国共产党的组织有相当高的制度含量,也就是说,中国共产党党内是有制度积累的,也是有制度规范的。现在面临的最大问题是:有制度但制度运行不正常甚至制度不运行,导致的结果是制度虚置甚至制度失败。"[②]从本质上讲,党内法规执行虚置导致了其在实际执行中的缺位、失效,成了摆设。

二、制度降格:党内法规象征执行

问卷调查显示,11.3%的人认为制度降格、党内法规象征执行,这就为形式主义埋下伏笔。党内法规象征执行是指党内法规的执行主体在执行党内法规过程中,由于制度本体以及执行主体、执行环境等主客观要素的制约和影响,而在制度执行中采取消极应付的态度,使制度降格以求。象征性执行使得党内法规的执行流于形式,不可能取得应有实效,严重影响了党内法规预期目标的实现,也是对党内法规权威的亵渎和挑战。象征性执行的执行主体只注重搞"花拳绣腿",做表面文章,不重视实效,而让党、国家的事业受

---

① 沈家本:《历代刑法考》,中华书局1985年版,第34页。
② 林尚立:《制度整合发展:中国共产党建设的使命与战略》,《毛泽东邓小平理论研究》2007年第4期。

损,因此必须在现实中加以避免。

"取法于上,仅得为中;取法于中,故为其下。"标准决定质量,制度执行只有坚持高标准,才有高质量。有的只求过得去,不求过得硬,一项制度规定下来,没有拿出执行的真招;有的存在"干一下得了"的想法,得过且过,觉得挺一阵子就过去了。比如,"八项规定"出台之前,群众意见最大的问题是什么呢?就是大吃大喝屡禁不止,被人称为"若干个文件管不住一张嘴"。光是为了刹住吃喝这股风,我们下发了多少文件,但是这个问题始终没有得到有效遏制,并且还有反弹甚至蔓延之势。有的时候我们细细想来,真的还不如幼儿园的小朋友,他们还在光盘行动,而大人们反而做得不够好。中国人爱面子,且死要面子活受罪,有的根本没动筷子的饭菜被直接倒入垃圾桶,真是太可惜了。改革开放以后,我们曾经规定"四菜一汤",且有限价,初期执行得还不错,情况有所改善。但是到后来又出现了大的反弹,且肆无忌惮,就是不认真执行规定的结果。据中央电视台2014年报道,中国人每年在餐桌上浪费的粮食价值高达2000亿元,相当于2亿多人一年的口粮。我国每年公款吃喝、公费旅游、公车消费、公费送礼、公馆修建费用达到15000多亿元,接近我国财政收入的1/4。面对这种铺张浪费的风气,习近平总书记作出重要批示:"广大干部群众对餐饮浪费等各种浪费行为特别是公款浪费行为反映强烈。联想到我国农村还有1亿多扶贫对象、几千万城市低保人口以及其他为数众多的困难群众,各种浪费现象的严重存在令人非常痛心。浪费之风务必狠刹。"①俗话说,奢侈之费,甚于天灾。即奢侈浪费造成的损失,比地震、泥石流、发洪水等天灾造成的损失还要严重。历览前贤国与家,成由勤俭破由奢。党的十八大之后,中央出台"八项规定",我们大力整治这一问题,这种现象虽得到明显好转,但是有些胆大妄为的、不收手的、不收敛的,将饭局转入私人会所等。还有的擅自降低标准。比如,有的将干部提拔的任职年限任意缩短,有的将仅适用于国家扶贫开发工作重点县的政策扩大到省级扶贫重点县……事实表明,执行标准松一寸,制度实效就散一尺,政策的权威性就打折扣。面对这样的情况,我们必须发现一起,严

---

① 《习近平谈治国理政》第一卷,外文出版社2018年版,第363页。

惩一起，决不姑息。

三、制度打折：党内法规变通执行

调查发现，20.0%的人认为存在制度打折、恣意妄为、党内法规变通执行现象。党内法规变通执行主要是指执行主体在执行党内法规时，只是按照地区、部门和自身利益来执行党内法规。党内法规变通执行是制度运行中出现的"合意则取、逆意则舍"的一种不良现象。造成党内法规变通执行的主要原因是执行过程中的透明度不高、暗箱操作，对原有完整的党内法规断章取义、拆分截取，只是执行对本地区、本部门和自身利益有利的党内法规，不利的就选择剪裁，这不利于党内法规的贯彻执行，影响了党内法规的执行力，同时还导致滥用职权等违法行为的发生。

所谓执行力就是贯彻落实的力度。一个领导干部，如果不按照上级决策去执行，擅作主张不执行，就是没有执行力的表现。无论政府还是企业，都不可能任用没有执行力的人。但在实践中，执行者自行其是、违背命令的事情却时有发生。执行者为什么会违抗命令，不听从上级的指挥乱执行呢？从根本上来讲是没有对党纪国法或是上级指示形成敬畏，而是自以为是，按照自己的意思去变通执行。其实，马谡就犯了此类错误，他自以为自己军事才能过人，自傲轻敌，违抗诸葛亮的命令，私自贸然行事，最终落败而归。

2019年1月23日，中共中央纪律检查委员会机关刊物《中国纪检监察》杂志刊文，对已经落马的陕西省委原书记赵正永进行评价，说他是可耻的政治两面人。2014年3月，赵正永曾发表署名文章，大谈"杜绝在贯彻中央决策部署上打折扣、做选择、搞变通"，甚至还写"无论制定的目标多么宏伟，给出的承诺多么诱人，如果说而不做、决而不行、抓而不紧，就等于零"，痛批执行不力的危害。以秦岭违建别墅案件为例，专题片《一抓到底正风肃纪》对此进行了详细披露。2014年，时任陕西省委书记的赵正永接到习近平总书记的重要批示，却没有在省委常委会上传达学习，也没有进行专题研究，只是简单地批示省委督察室会同西安市委尽快查清，向中央报送材料，导致违建别墅问题长期整而未治、禁而不绝。他的这种行为就是没有从讲政治的高度去认识"国之大者",是党性不纯、政绩观错位的表现。赵正永以严重违纪违法的行为向党和人民交上了"零分"答卷,也被定格为可耻的政治两面人、两面派。细思此案,认为官僚主义是目前党内存在的突出问题,是阻碍党中央重大决策部署贯彻落实的"绊脚石",堪称党和人民的大敌,必须加以摒弃。①2021年年初报道的青海木里矿区生态环境治理的问题,就是由于当地主要领导只从个人私利和地区利益出发去考虑问题,没有做到心怀"国之大者",没有做到讲政治,也没有从党和国家事业发展的全局的高度、从子孙后代可持续性发展的维度去做决策,给党和国家的事业带来不小的损失。

抗令不从不仅出现在战场上,在政府、企业中也是时有发生。一个组织,如果执行者不按照组织的计划行事,就会使计划落空,使组织蒙受损失。试想,如果一个企业,规划了非常美好的蓝图,却没有人去执行,那将只是空中楼阁,这个企业也将面临尴尬的境地。如果一个政府,制定了科学的规划,却没有人去落实,那么这个政府也将被人民所唾弃。所以,在执行过程中,任何组织都应杜绝违命不从的现象,否则组织的政策、计划就无法真正落实下去。②党内法规执行也是如此。如果在党内法规执行上搞"变通"、搞特殊,制度就会出现零效力,成为纸老虎。制度面前应该人人平等、执行制度没有例外,不留"暗门",制度才能真正成为硬约束。有的以言代法、以权压法,信奉"红头不如白头、白头不如口头";有的执行制度"宽己严人","看人下菜碟";还有的对违反党规的人和事,执行制度时失之于宽、失之于软,睁只眼闭只眼,不敢问责,怕得罪人;有的总认为高人一等,行使权力无所顾忌,无法无天。可见,提高制度执行力是多么重要。

---

① 《赵正永被定格为可耻的政治两面人》,《中国纪检监察》2019年第1期。
② 于慎之:《领导干部贯彻执行能力的塑造与提升》,红旗出版社2011年版,第175页。

四、制度刻板：党内法规机械执行

29.4%的人认为生搬硬套，党内法规机械执行。党内法规机械执行主要是指党内法规的执行主体没有对执政环境进行了解，也没有充分发挥主观能动性，习惯于以文件落实文件的方式执行党内法规。党内法规机械执行反映了执行主体执行能力和素质的低下，执行主体没有把制度的原则性和执行的灵活性有机结合起来，生搬硬套、盲目照搬照抄党内法规，使党内法规执行只停留在表面，实际效果很难得到体现，不仅浪费了制度资源，也影响了党内法规所要达到的预期目标。事实上，党内法规都是经过精心设计的，只有科学正确地执行才能发挥出应有的效用。

实际上，党内法规机械性执行的现象在一定程度上存在着。主要表现在：有的在执行党内法规时，不充分考虑新情况、新问题，不加分析地去执行，消极坐等上级出台新政策、新指示，执行主体缺乏主观能动性，机械地执行党内法规；有的在执行党内法规时，缺乏对党内法规出台本意的理解和对客观环境的有效把握，盲人摸象，生搬硬套，不及其余，很难为党内法规的执行提供最佳执行方案；有的不顾客观实际、层层加码，结果适得其反。

比如，一些单位和部门抓作风建设，搞成了"上面害病，基层吃药"，导致基层干部叫苦不迭。有的领导干部腐败，普通群众倒霉，一些正常的福利待遇都被取消了。再比如，为解决"唯分、唯票、唯年龄、唯GDP"的问题，新修订的《干部选拔任用工作条例》提出了一些针对性的措施，实际操作中却有断章取义的现象，说不唯分了就取消竞争性选拔了；不唯票了就干脆不要票了；不唯年龄了就不重视培养选拔优秀年轻干部了；不唯GDP了就不注重发展实绩了。还比如，有的整治裸官问题，搞一刀切，盲目扩大化，甚至把"千人计划"专家也作为裸官清理了。执行制度一定要懂得过犹不及的道理，如果脱离实际、一哄而上、层层加码，是会带来负面效果的，也是难以长久坚持的。①

---

① 《党内法规制度执行力不强的主要表现》，正义网http://www.jcrb.com/xztpd/dkf/201605/1xyzxjy/gdpl/201605/t20160503_1611276.html。

五、实用主义：党内法规取舍执行

调研显示，14.0%的人认为，实用主义，党内法规取舍执行。程序正义是实质正义的必要条件，没有程序正义就没有实质正义。比如，有的党员干部信奉"摆平就是水平、搞定就是稳定、没事就是本事"，动不动就是"我不管过程怎样，我只要结果"，把程序抛在一边，甚至认为这是有魄力的表现。有的轻视程序，认为走程序麻烦，能省则省。

比如，2019年1月11日，甘肃省政协农业和农村工作委员会原副主任火荣贵涉嫌严重违纪违法。纪委的通报非常详细，超过1200字的内容也是非常罕见的，可见问题的严重性！火荣贵在担任甘肃省政府办公厅副主任、省政府副秘书长、省政府办公厅主任、武威市委书记等职务期间，严重违反政治纪律、组织纪律、廉洁纪律、群众纪律、工作纪律、生活纪律，既想当大官、又想发大财，政治问题与经济问题交织，违纪问题与违法问题并存，对党不忠诚、不老实，是典型的"两面人"。同时，在干部选拔任用中违规为他人谋利。另外，火荣贵胆大妄为，且在党的十八大后不收敛、不收手，性质特别恶劣、情节特别严重。依据《中国共产党纪律处分条例》《行政机关公务员处分条例》等有关规定，经甘肃省纪委常委会会议暨省监委委务会议审议并报甘肃省委批准，决定给予火荣贵开除党籍、开除公职处分。最终这一称霸一方的"恶霸"受到了应有的惩罚。

问卷调查显示，从党员干部、党员领导干部、党组织方面看，认为"把工作干好就行，程序并不重要"影响制度执行力的，分别占37.20%、64.40%、50.56%。有的地方和部门一把手为实现个人意图，形式上也召开常委会或党组会进行民主决策，实际上在会前就通过暗示、授意等方式"统一思想"，把个人意志变为集体决定。

六、本领恐慌：党内法规无力执行

新时代，很多党员干部面对瞬息万变且异常复杂的国内外形势，尤其是高科技手段的大量使用，很多人产生了不适应，出现了一定程度的本领恐慌。据问卷调查显示，11.7%的人认为本领恐慌，党内法规执行起来心有余而力不足。

诚然，随着形势的不断发展，群众工作确实遇到了前所未有的困难和挑战，有些干部由于平时没有及时充电、加强学习，而是混沌度日，跟不上形势发展的步伐，出现了一定程度的本领恐慌。正如习近平总书记曾总结的那样，在开展群众工作方面，我们有的领导干部连话都不会说了，处于失声和失语的状态。表现为与新社会群体说话，说不上去。新社会群体指的是基民、股民、网民，对这些新生代不了解，无关注，没有共同语言。与困难群众说话，说不下去。没有帮助老百姓解决实际困难，光在上边发号施令，拉不近与群众的距离。与青年学生说话，有代沟，说不进去。与老同志说话，尤其是与老领导说话还给顶了回去。凡此种种，可以说是相当尴尬。

这就需要党员干部塌下身子，深入到群众中去，真正地了解他们的所思、所想、所盼，然后切实地解决存在的问题，让他们有更多的满足感和获得感，进而产生幸福感，这样才能真正赢得民心。

群众工作如此，执行党内法规也是如此。在执行党内法规过程中，一些党员干部也出现了本领恐慌。因为他们思想保守、不求上进，知识的更新换代异常缓慢，在遇到难题时，办法不多，没有主意，缺乏完成工作的综合能力。同时，由于知识水平和理解能力的欠缺，对党内法规吃不透，理解不到位，在执行党内法规时出现了偏差。这一现象的出现一方面源于执行环境，没有很好的执行氛围。比如，领导不重视；领导班子内部不团结，钩心斗角，对下没有号召力；单位内部缺乏有效监督，制度执行走过场等。另一方面是由于一些党员干部能力缺乏。尤其是党的十八大以来，随着全面从严治党的开展，党中央密集出台了一系列制度规范，党内法规的条文多而烦琐，要将其读懂吃透尚需时日，再加上主客观条件的限制，执行起来也有一定难度，所以在一定程度上也影响了执行力。

第二节　党内法规执行力弱化的现实危害

法律规范有令不行，制度约束有禁不止，势必降低制度执行的有效性。制度执行不力不仅涉及国家、社会层面，也影响组织与个人层面，同时，也会对我国的政治、经济、文化、社会和党内法规公信力等造成不良影响和严重危害。具体而言，有可能阻滞中国法治进程、破坏传统价值共识、加大制度运行成本、影响制度公信力、削弱党的执政能力。因此，党内法规执行不力的危害不可低估。从我们所进行的调研中发现，分别有16.7%、9.3%、11.6%、23.7%、22.9%、15.8%的人，认为制度执行不力将阻滞中国法治进程、破坏传统价值共识、加大制度运行成本、影响制度公信力、削弱党的执政能力、不能满足人民的新期待。

一、党内法规执行不力将阻滞中国法治进程

改革开放以来，中央向地方不断放权，地方在很大程度上获得了自主权，一定程度上调动了地方的积极性，促进了地方经济的发展，但也使一些地方政府没有从全局的战略维度出发，为了谋求地方利益不惜牺牲国家利益，有的甚至演化为制度性和系统性腐败，使党的大政方针在基层落实中大打折扣，从而在一定程度上动摇了依法治国的根基。当前，依法治国进程的不断加快，全面从严治党战略的不断加强，其目的就是要堵塞和修补制度漏洞，保证国家和社会事务的良性运转。而党内法规执行不力的一个重要根源就是人治思想、一言堂、家长制思想严重，人治超越法治，情大于法。党内法规执行不力不仅制约了依法行政风气的形成，还在一定程度上阻碍了整个社会依法治国的步伐。在社会实践活动中，制度如果被束之高阁，或是执行中大打折扣的话，无形中会滋长人们漠视甚至无视规则、注重关系的工作作风。当制度沦为摆设，潜规则成为行事之责时，社会危害性就不容忽视了。

二、党内法规执行不力会破坏传统的价值共识

自古以来,我国深受儒家思想文化的影响,追求"中庸""和合"之道,但缺乏法治观念。一是我们缺少法治的传统,2000多年的人治思想对广大民众的思维方式产生了深远的影响。尤其是随着改革开放和社会主义市场经济的迅猛发展,以及网络和新媒体的飞速发展,各种思潮相继涌入,人们的价值观也趋于多元。二是制度执行力弱化,民众对基本的社会规则和行为规范缺乏统一共识,也难以认同,从而很难形成明确的价值共识。三是制度执行不力也降低人们之间的信任度。因为人们如果不能严格遵守行为规范,而且违规行为得不到及时纠正和惩处,就会对原有制度产生怀疑,甚至大大降低对他人的信任度。近年来,一些传统美德受到极大冲击和挑战。我国发生多起老人倒地无人扶和搀扶老人反被讹事件,在一定程度上说明了传统美德受到挑战,深陷尴尬之坑。尤其是在媒体标签化的报道甚至轮番炮轰之下。比如"彭宇案"的出现就给大众造成了很大的心理恐慌,心理被蒙上了道德阴影,形成了"不敢扶""好人慎做"等恐慌心理和社会认知,进而出现"老人跌倒无人扶"等看似不道德的行为。助人为乐、尊老爱幼等美德受到质疑。道德恐慌让人们更加审慎,事不关己高高挂起,启动了自保模式,即便有强烈的道德之心,但受现实影响不敢行道德之责,有时不免产生自责心理和内疚心理。"这既反映出主流价值观所受到的冲击,也透视出制度执行不力所造成的后果。"①

三、党内法规执行不力会加大制度运行的社会成本

当前,随着社会的发展和进步,党和国家各项事业都已经步入法治化轨道。相关制度不断规范健全,且体现在社会生活的方方面面。制度是刚性约束,是社会有序运行的保障,须臾不可缺少。国家治理、社会事业、公共服务、企业管理等社会活动,都离不开制度的规范和约束。如果制度规范有序、良性运转,国家和社会生活就能运行顺畅,党和国家就能长治久安,欣

---

① 麻宝斌、段易含:《再论制度执行力》,《理论探讨》2013年第2期。

欣向荣；反之，如果制度执行不力，不仅不能解决问题，而且还会造成负面效应，影响甚至阻碍社会的发展，增加社会运行成本，人与人之间的交易成本也会增大。原因是，人们之间的交往都离不开信任，是以基本的信任为依托的。信任的建立不仅需要人们进行道德自律，遵守诚信原则，而且还要依赖于制度的外力约束和强制作用。制度执行不力会让人们对制度的公平性、公正性产生怀疑，久而久之，会破坏人们之间的相互信任，造成信任缺失、信任危机。长此以往，政府和社会都会诚信缺失，并陷入国际政治领域的"塔西佗陷阱"，整个社会必会为此付出沉重代价。此外，由于个人违反制度会带来相应的惩罚，这一过程也会增加个体及社会的交易成本，造成资源的浪费。总之，制度执行力弱化加大了社会成员间彼此的信任难度，同时也延长了达成互惠性规范的过程，使社会发展受到严重影响。

四、党内法规执行不力削弱党的执政能力

党的十九大报告关于提高党的执政能力的重要论断，无论在思想创新还是实践创新上，都实现了新飞跃。特别是提出加强党的长期执政能力建设和不断增强党的执政本领的要求，标志着新时代党的执政能力建设迈上了新的台阶，理论和实践实现了新跨越。而狠抓落实本领作为我们党对党员干部提出的新要求，是提高党的执政能力的重要组成部分。中国共产党作为百年大党，具有强烈的责任担当，是具有远大理想和价值追求的使命型政党。使命型政党决定了党必须打铁自身硬，不断提高执政能力。自从明确提出执政能力建设以来，我们党就围绕如何跳出历史周期律，如何实现长期执政进行了深入的研究和探讨，并提出了科学执政、民主执政和依法执政的基本思路。通过改革和完善党的执政方式，使其不断地科学化、民主化、法治化，从而不断地提升党的执政能力。

执政能力是对执政党提出的根本能力要求。党的执政能力高低与否直接关系到各项事业发展，也关系到党和国家长治久安、生死存亡。提升党内法规执行力是加强党的执政能力建设的重要突破口，而党员干部作为党内法规的直接执行者和参与者，其执行力和参与度的强弱关系到整个政党执政能

力和治国理政能力的高低。如果党员干部对党内法规盲目执行和有选择地执行，执行效率就会低下，执政成本就会增加。

五、党内法规执行不力将影响人民对美好生活新期待的早日实现

随着我国经济社会的发展，人民的生活得到了持续的改善，人民群众的关注点发生了变化。正如主要矛盾所反映的，人民的需要不仅停留在物质文化层面，而且对于政治、经济、文化、社会、生态、公平、正义、民主、法治等方面的需求也与日俱增，可以说，人民关注和期待的内容也越来越丰富。

人们在期盼经济发展、政治稳定、政府清明、人民幸福、收入增长的同时，更加关注民生改善。民生问题涉及民生企盼，关系到社会稳定，涉及从农村到城市的方方面面。为此，我们党顺应民意，制定出台了一系列惠民生、利民事的好政策。比如全面建成小康社会、脱贫攻坚、六稳六保等，都是为民办实事的重大举措。党员干部作为党的路线、方针、政策的具体执行者、实际践行者，其贯彻落实好坏直接关系到民生是否改善，关系到老百姓的切身利益。因此一定要不遗余力地将其落实好。但是，现实中却存在着党的好政策被搁置或是被歪曲执行的情况。其原因"可能和有的党员干部执行力差，见到障碍就绕，以文件落实文件，以政策落实政策，从而不能满足民众实现政策的新期盼和新愿望"。[①]

---

① 徐培奇：《论党的基层组织执行力提升的路径选择》，中共山东省委党校2010年硕士论文。

第五章　党内法规执行不力的原因剖析

党内法规执行力不是孤立的个体存在，而是一个涉及多方面的复杂运行的动态系统，它受到很多因素的影响和制约。因此，造成党内法规执行力不强的原因也是多方面的，概括起来主要有制度因素、人的因素、环境因素、资源因素、监督因素等。调研统计显示，分别有9.8%、38.9%、28.5%、10.9%、12.0%的人认为是由于制度本身不科学、执行能力和素质欠缺、执行环境复杂多变、执行资源有限和执行监督疲软限制了党内法规的执行。

第一节　制度因素：党内法规自身的缺陷

2015年6月26日，习近平总书记在十八届中央政治局第二十四次集体学习时发表的讲话中说："要立治有体、施治有序，零打碎敲不行，碎片化修补也不行。这些年来，从中央到地方搞了不少制度性规范，但有的过于原则、缺乏具体的量化标准，形同摆设；有的相互脱节、彼此缺衔接和协调配合，形不成系统化的制度链条，产生不了综合效应；有的过于笼统、弹性空间大，牛栏关猫。很多腐败问题不仅没有遏制住，反而愈演愈烈。"[1]概括起来就是，有的制度缺乏可操作性，有的不够协调，有的不够切合实际，有的不够科学，这些都使制度在执行中受挫。归为一句话，制度先天缺陷妨碍制度执行力。

---

[1] 中共中央纪律检查委员会、中共中央文献研究室编著：《习近平关于严明党的纪律和规矩论述摘编》，中央文献出版社、中国方正出版社2016年版，第64页。

一、党内法规体系尚待进一步完备

制度本身具有系统性,如果党内法规制度体系不科学、不完备,内容缺乏可操作性,那就有可能发生制度运行障碍。目前,党内法规体系虽然有了雏形,但体系化结构尚不完整,既没有明确统一的体系结构,各个制度文件之间也没有形成完整、周密的体系结构。也就是说,党内法规之间是彼此割裂的,尚未形成一定的体系,其制定缺乏科学的统筹规划,造成制度体系结构不完整,严重影响到党内法规的顺利执行。

比如说,有的党内法规内容过于笼统,运用"原则上按照""一般要求"等模糊语言,使执行主体自主裁量权扩大,其实在一定程度上也使执行难度加大。有的党内法规不仅不能确定约束对象,也无法找到参考标准,执行起来更是可以"趋利避害",甚至被束之高阁、拒不执行。有的党内法规则已过时,不能适应新情况、新任务的要求,导致党内法规权威性降低。有的党内法规虽然规定了"严禁""不准"等事项,但对违规行为如何进行处罚没有明确的标准,导致执行主体在执行党内法规时没有底气、没有抓手,操作起来难度较大。

二、党内法规的配套不够协调

现有党内法规制定中存在"重实体、轻程序"的现象。程序性制度最终解决的是"怎么做"的问题,能为实体性制度提供执行流程,保障实体性制度的有效实施。加强程序性制度建设,促进程序性制度与实体性制度协调发展,可以使党内法规的执行更加流畅。党内法规中程序性制度的缺失、实体性制度和程序性制度的不协调,导致实体性制度运行不畅,影响了党内法规的落实。另外,党内法规体系内的各种制度具有不同的功能,制度间协调与否,直接影响着制度能否顺畅运行。当前,审视党内法规建设,实体性制度不可谓不多,但程序性制度相对较少,而且各制度条块间交错相生,关系错杂。有的制度条文规定虽多,但过于笼统,只有定性规定,没有定量的指标要求,缺乏具体的实施细则,造成了一些制度的运作不畅。有的综合性的党内法规颁布实施之后,作为配套的实施办法、具体细则没有及时出台,这也严重影响了党内法规的执行和实施效果。

三、制度本身不切合实际

从制度起源来看,制度是为调整人们之间的相互关系而设定的规范的总称,是人们一定范围内共同遵守的行为准则,具有内生性,其本质是权力机关进行资源配置和利益分配的手段。同样,党内法规也是在党内政治生活的实践中应运而生的,其有效执行必然要以制度符合实际、尊重人的合理需求为前提。

马克思主义认为,制度是主体对利益关系评价的结果,是规范人自身行为的需要。这里的人不是抽象的,而是具体的存在,有着自身的利益诉求。长期以来,党内法规制定时往往将共产党人看做是超凡脱俗的、能抵御各种负面影响的特殊群体,而不是活生生的、具有社会属性的工人阶级先锋队,忽略了其作为现实的人的利益诉求。

这种误区导致在实践中不可避免地出现了两种后果:一是拥有权力的党员干部出于对自身利益和特殊需要的考虑和谋求,对制度避重就轻,选择性执行。二是对一些普通党员来说,不管是对于组织隶属关系之内的制度,还是之外的制度,由于认为与自身利益的关联性不强,或是缺乏对制度制定依据和违规行为对自身的影响等切身利益的了解,因而对其执行情况漠不关心,执行制度的积极性和主动性也不强。比如,在现实生活中,每年都要做民主测评,但是大家认为组织上进行测评只是搞搞形式,走走过场,最终还是领导说了算,执行过程的严肃性受到影响,大家的参与度和热情不高,导致执行效果差强人意。

四、党内法规本身不够科学规范

有些党内法规缺乏必要的调研、科学论证和合法性审查,存在与党纪国法相抵触的现象,特别是在地方发布的"红头文件"中,违法违规问题比较突出。有的党内法规不规范、不明确、缺乏责任要件,影响了科学性,导致其执行中存在难度。

近年来,在对相关党内法规进行备案审查的过程中发现,有一部分文件或多或少存在一些问题。主要体现在：一是有些党内法规过于笼统、原则，存在着大量的倡导性模糊规范，其执行过程中的明确性、强制性无法保证；二是有些党内法规虽然有明确的定性规定，但并没有明确的定量化标准，给违规者钻制度空子留下操作空间；三是有的党内法规有禁止性规定，但没有相应处罚性规定，在执行中难以把握尺度，操作起来比较困难，造成"制度浪费"，阻碍了制度的顺畅运行。

第二节 人的因素：执行主客体的观念素养等的影响

党内法规执行效果的好坏在一定程度上取决于执行参与者的基本素养。因此，这里从执行主体、执行客体、民众参与三个层面对党内法规执行不力的原因进行剖析，以找到问题症结。

一、执行主体

（一）党规意识淡薄

2017年6月中共中央印发《关于加强党内法规制度建设的意见》，明确要求："提高党内法规的执行力，要坚持以上率下，从各级领导干部做起，以身作则、严格要求，带头尊规学规守规用规。"当前，有的党员干部对依规治党的重要性没有从讲政治的高度、从党和国家事业发展的维护角度去深刻认识，且缺乏法规意识，有的甚至出现以言代规、以言代法的现象，导致党内法规在执行中大打折扣。

党内法规意识是指党员对党内法规的知识把握、情感认同、心理接纳度的总和。良好的党规意识是党员执规的思想前提和心理保证。党内法规的有效执行必须具备党内法规意识，因为思想是行动的先导，没有思想的引领，行动就会受到影响。而自从党中央明确提出全面从严治党以来，广大党员干部对制度意识明显增强。但客观地说，部分党员的制度意识仍较淡薄，缺乏对制度应有的敬畏，有的甚至蔑视、藐视、轻视、无视制度。

个别党员干部存在着官本位思想，家长制、个人说了算、一言堂的思想根深蒂固，导致制度的权威性打了折扣。受封建的"人治"观念影响，少数领导干部把个人意志凌驾于法规制度之上，认为权大于法、言重于法。而许多人也习惯于按领导的"批示"办事。此外，小农意识、宗族观念和习惯思维的影响根深蒂固，不少领导干部受亲情、友情、乡情等人情关系左右，常常为感情、面子、裙带关系、哥们儿义气突破制度规定。

有的党员干部规则意识没有树立起来，缺乏对党内法规应有的敬畏，也没有将党内法规作为办事的基本依据。甚至有的党员从内心对党内法规是不认同、不接受的，所以在党内法规的执行过程中表现为被动应付，遇事不按党内法规办，把依规治党当做"面子工程"，执行党内法规有令不行、有禁不止，导致党内法规的权威性受损，使党内法规最终成了"稻草人"，成了摆设，成了24小时不带电的高压线，成了纸老虎，严重影响了党内法规的贯彻执行。有的党员干部遇到问题不能很好地面对和解决，有的甚至推脱回避，有的则对党内法规的学习、理解不透彻，不重视其实践运用，这也造成了党内法规难以执行。有的党员干部对党内法规浅尝辄止、一知半解、断章取义，没有真正理解和准确把握其核心要义和精神实质，甚至对党内法规的理解出现偏差，严重影响了党内法规的实际执行；有的党员干部缺乏灵活性或是人性化的执行，唯规是从，生搬硬套，没有创新，工作思路不宽、执行办法欠缺，效果不佳。部分党员干部没有发挥表率作用，执行双重标准，而且严人宽己；有的甚至带头违反制度规定，在群众中造成了不良影响；还有个别党员干部违法必究思想不鲜明，使一些老实人吃了亏，个别偷钻制度空子的却沾了光，损害了制度的严肃性和权威性。

（二）执行能力和素质欠缺

制度执行的主体主要是各级干部，他们的综合素质高低直接决定着制度执行力的大小。一般来讲，素质越高，执行力越强；素质越低，执行力越弱。古人云，"其身正，不令则行；其身不正，虽令不行"。同时，制度是靠人来执行的，如果缺乏人的有效参与，制度执行也会受阻。事实上，制度运行不仅需要人的参与，还需要执行者具备较高的水平和能力，这是制度执行的前提。当前,一些党的干部在制度运行中之所以会遇到诸多问题,其中一个重要原因就是制度执行能力不足。

这种制度执行能力,首先体现为对制度内容的深刻理解和准确把握。如果执行主体本身对制度都没能很好地理解和掌握,或是对制度的理解存在偏差,何谈制度的执行?其次,表现为灵活的工作方法。不墨守成规、不因循守旧,善于抓住事物的主要矛盾,根据形势和任务的变化,适时选择合适的工作方法。第三,体现为一定的学习能力,能与时俱进,紧跟时代步伐,在学习中创新和提高,不断提高自身能力,从而促进制度更好地执行。当前,党面临着四大考验、四大风险,还面临着前所未有的"两个大局"。要全面统筹"两个大局",就需要我们审时度势,以改革创新的精神、顽强的意志品质和斗争精神克服前进道路上的一切风险和考验,来推动工作的开展。事实上,随着时代发展与变迁,形势任务的变化,过去有效的工作方法有的已经过时了,不再适应新形势的发展了。但实践中,有的党员干部仍习惯于用旧思维、旧习惯处理现实问题,这必然会在实践中受阻。同时,因学习不足导致的对制度一知半解,也会让制度运行不畅。当然,造成执行主体对制度不甚了了的原因,除了其自身学习不够,对制度吃得不透外,也与知情权、参与权落实不到位有很大关系。作为制度执行主体,如果广大党员缺乏对党内事务和信息的了解以及参与制度制定的机会,就不可能感受到自身在享有政治信息方面的优先权,也就容易出现执行主体对党的制度不理解的现象。制度执行的顺畅与否很大程度上取决于党员的认同感,而执行主体在制度建设中主体地位弱化,缺乏知情权、参与权,必然影响其执行制度的积极性和自觉性。①

(三)部分党员干部执行党内法规的意识需要加强

提高党内法规执行力意味着严明党纪,确保党内权力运行规范化,这是在新时代贯彻落实全面从严治党方略的重要保障,也体现了我们党自我完善、自我净化、自我革新、自我提高的能力。当前,部分党员干部还存在着

---

① 周文翠:《当前党内制度运作障碍与执行力的提升》,《长白学刊》2012年1月20日第1期。

特权思想，习惯于搞特殊，按"潜规则"办事，忘掉了党章党规的基本要求，导致组织涣散、纪律松弛，影响了党内法规的贯彻落实，使党内法规的执行效果大打折扣。①

二、执行客体消极配合

现实中，有的执行客体对待党内法规执行持有消极心态，主观上不支持、不配合，有的拥有一定权力的执行客体为了冲破执行行为对自身的限制，也采取了消极执行的心态，这是党内法规执行不力的重要原因。概括起来表现为以下三点：多元思想文化的冲击、党组织功能弱化削减制度执行力、非正式组织的好恶对制度执行造成梗阻。

（一）受多元思想文化的冲击

当前，随着改革开放的不断深入、国内外形势的急剧变化，我国文化领域空前活跃和繁荣，各种思想文化激烈碰撞、整合，呈现多元文化并存的态势。这种思想文化的多元化，已经对社会主义意识形态的指导地位产生了冲击，并对人们的思想和价值观念造成了一定程度的影响，成为当前理论与实践中不可回避的难题。随着人们的思想更加多元，一些负面思想给一些党员干部带来了思想冲击。我们党历来高度重视思想上的统一。然而不容忽视的是，多元化思想在部分党组织和党员的身上渐次体现出来。多元思想具有两重性，积极健康的多元思想不仅可以给人们提供观察和分析社会的多维视角，也为党内民主的发展和言论的自由提供良好氛围。但是一个基本前提就是坚持党的领导，并且坚守并捍卫马克思主义的指导地位。然而，部分党组织和党员在多元思想的诱导和影响下，政治信仰上出现松动甚至危机，缺乏对党的忠诚和信任，对体现着主流思想的党内法规不能内化于心，对党内法规的执行也缺乏应有的热情。

---

① 沈孝鹏：《党内法规执行不力：多重诱因与治理之策》，《求实》2017年第8期。

（二）党组织功能弱化削减制度执行力

在党内法规执行过程中，少数党员的不配合比较易于纠正，而一旦一个党组织整体呈现出对党内法规执行的抵抗，则证明其组织功能已经弱化。某些领导干部奉行好人主义，原则性较差，借批评与自我批评的名义互相吹捧，对本组织内部的软弱涣散、违规违纪行为缺乏足够的辨识力，甚至闭目塞听。有些党组织的组织生活会和民主生活会有名无实，或者成为"一言堂"，难有民主，或者组织权威疲软、集中不力。作为组织细胞的党员缺失应有的组织荣誉感，作为党员归属的党组织也难于实现对党员的关怀和引导。原应由党组织和党员共同自觉遵守的党内法规，在这里成为一种任务式的存在，在经过象征性的传达、学习和宣传之后即归于沉寂，党组织对党员贯彻落实党内法规的进展与效果也缺乏强有力的督促和鞭策。有些党委领导缺乏原则性，好人主义盛行，对错误言行睁一只眼闭一只眼，不敢直面、不敢斗争，对违规问题查处不力，惩戒不够，有的甚至姑息纵容，这些都使党内法规如"稻草人"般徒有虚名，一定程度上削弱了制度执行力。

（三）非正式组织的好恶对制度执行造成梗阻

霍桑实验说明：在大多数组织内还存在非正式组织，而非正式组织通过不成文的规范左右着组织成员的感情倾向和行为。而后者内部约定俗成的规则甚至会对其成员产生比正式组织规则更大的约束力。非正式组织是指以情感、兴趣、爱好和需要为基础，以满足个体的不同需要为纽带，没有正式文件规定的、自发形成的一种开放式的社会组织。非正式组织是伴随着正式组织的运转而形成的。这种组织一旦形成，也会产生各种不成文的行为规范，以制约成员的行为。非正式组织一般没有明确的组织机构或章程，其核心人物由于个人威望或影响力等而成为自然领袖，其思想基础与行为准则往往是一些共同的习惯、观点等，组织稳固性不强，主要以感情和融洽的关系为标准，要求其成员遵守共同的、不成文的行为规则。非正式组织是不以人们意志为转移而客观存在的，其消极作用是难以禁止和取消的。由于非正式组织具有许多有利于正式组织的积极作用，正式组织的领导人应充分利用非正式组织，以达到培养集体意识的目的。①

因此，在党内法规执行中，单个党员的热情也会受到这类由少数几个党员组成的非正式组织的影响。他们在性格上较为接近，在行动上趋于一致，同时不愿意主动显示自己的与众不同，在"法不责众"的侥幸心理作用下，抱团抵制党内法规的执行。这种抵制还来自一种"如果只有我自己遵守，而其他人不遵守，那么我可能会遭到嘲讽或者排挤"的内心假设。总而言之，正是怕出风头的心理状态，使其遵守党内法规的积极性过早地被消磨殆尽。

三、党内法规执行参与度低

（一）人民群众对党内法规执行参与热情不高

人民群众切实发挥监督作用，他们如果能够广泛参与党内法规的执行，能够极大地促进、也能充分体现党内法规的民主性。当然，我们也要充分认识到，人民群众在认知能力、价值取向、思想观念、知识水平、能力素质等方面的差异性，他们其中有拥护党的政策的，也有与其对抗的；有些群众可能受益于某一项党内法规，有一些群众可能是利益受损者，还有一些群众可能与其不直接相关。不同群众对党内法规执行的关注度存在差异，这就需要党内法规执行主体正确分析不同群体的特性。然后不断对其进行引导，使其对党内法规产生认同，进而真正做到内化于心、外化于行。广大人民群众参与党内法规执行的热情高涨了，就会使原本狭窄的公民参与路径越加宽广。

（二）非政府组织不能有效参与

虽然有些个人具有执行党内法规的意识，但是个人力量毕竟有限，心有余而力不足，非政府组织可以及时地为每个想参与党内法规执行的个体提供有效的路径。某个地方的民主化程度、社会构成等因素都影响着非政府组织对党内法规执行的参与度。从目前来看，非政府组织参与党内法规执行还有很大的难度。

---

① 刘永中、金才兵：《英汉人力资源管理核心词汇手册》，广东经济出版社2005年版，第325页。

（三）大众传媒的参与有待规范

大众传媒在党内法规执行中肩负着监督政府和官员的重要职能。习近平总书记指出，我们要充分发挥大众传媒在思想引领、文化支撑、舆论推动、制度执行、精神激励等方面的作用。但从目前来看，无论是官方媒体还是社会传媒，在执行党内法规时都存在一定的问题。表现为：官方媒体主要站在官方的立场说话，缺乏活力和吸引力；社会媒体主要以网络和各种人际交往渠道为传播载体，是由个人或是非政府组织创办的，信息鱼龙混杂，人员良莠不齐，亟须规范。比如，有些社会媒体为了吸引眼球，或是利益最大化，在报道中用一些夸大其词的话语，或是以刺激性图片和视频来吸引公众注意力，误导公众视线，极其不负责任，给党和政府形象造成不好影响，也需进一步加以规范。

第三节　环境因素：执行环境复杂多变

党内法规执行环境非常复杂，涉及的内容也是多方面的。制度执行环境是制度执行过程中多种外部条件的总和。本书所指的制度执行环境是从狭义角度来说的，它主要包括意识形态、价值观念、社会习俗、文化传统和潜规则等与制度执行相关的非正式制度因素。这些非正式制度对正式制度起到扩展、分化、限制和消解的作用。当前，非正式制度因素对党内法规执行力的不利影响主要体现在：

一、传统文化对党内法规执行力的腐蚀

中国经历了两千多年的封建社会，是一个有着专制历史和人治文化的国家。正如邓小平所说："旧中国留给我们的封建专制传统比较多，民主法治传统很少。"[①]一直以来，民主法治精神缺乏，人们的制度意识淡薄。人治的思想可谓根深蒂固，挥之不去。人情关系、习惯思维等人为因素作用于制

---

① 《邓小平文选》第二卷，人民出版社1994年版，第332页。

度执行过程中，影响极大。有的党员干部"官本位"思想严重、特权思想浓厚，不守纪律和规矩，热衷于"搞关系"，搞钱权交易、权色交易，不按党内法规办事，挑战法治底线，亵渎法律权威。究其原因，是因为这些党员干部缺少规则意识和对制度的敬畏，他们把个人意志凌驾于法规之上。权大于法、以权代法的现象尚未消除、时有发生，表现为以权压法，以言代法，个人意志凌驾于制度和组织之上；崇尚个人专断、长官意志和行政命令方式，个人说了算，忽视民主集中制，否定法治原则、法治思维、法治方式和法律程序；崇尚官本位，搞特权、裙带关系，甚至无法无天、滥用职权，以权谋私、徇私枉法，贪污腐败，等等。从根本上说，权大于法是封建人治的表现，与法治原则格格不入。事实上，一切行使公权力的人都必须尊法守法，服从制度的规范，受到法律的监督。

社会环境因素中，不少党员干部被宗族观念和血缘、亲情、友情等人情世故所左右，阻碍了党内法规的有效执行。"当官的"被"熟人社会"所包围，人们无论办什么事，首先想到的就是托关系、"拼爹""拼娘"，而不是按法律和党内法规办事，各种人情关系影响了党内法规的执行。只顾人情不讲规则，掏空心思谋求不合法私利，导致亲情腐败、乡情腐败和情欲腐败。

二、思维定式和"潜规则"干扰制度执行力

部分党员干部由于传统习惯或是惯性思维，存在着一定的思维定式，领导方法陈旧，有的一味墨守成规，不能与时俱进，使党内法规执行受阻。习惯于靠行政命令、个人说了算、一言堂等方式开展工作，人治思想在一定范围内存在着，不利于依法治国和依规治党理念的落实。特别是在实际工作中"潜规则"的存在，是当前影响党内法规执行的最大障碍。

"潜规则"是指"在正式规定的各种制度之外，在种种明文规定的背后"存在的"不成文的又获得广泛认可的规矩"。它往往与正式制度相对立，对正式制度起到削减甚至破坏作用。党内潜规则与党章和党规党纪背道而驰，却被部分党员干部认可而实际奉行，具有一定的隐蔽性、实用性、功

利性。奉行潜规则者暗自采用对抗性手段，对制度的执行产生冲击，使党内法规成为摆设。此外，由于潜规则大行其道，导致遵规守纪的人受到排挤，引发"劣币驱逐良币"的"逆淘汰"效应，阻碍党内法规的执行。

当前，党内法规执行不力的一个重要原因就是显规则的不健全、不完善和潜规则的盛行。潜规则作为一种规避显规则的行为方式，具有不当得利的目的。潜规则的泛滥使制度流于形式，甚至在运行中被架空，其运行在很多方面产生了偏差。一方面，潜规则利用执行的变通性，消解党内法规的刚性和权威，设置隐性程序对抗党内法规的正当程序，从而消解党内法规的作用和权威；另一方面，潜规则的盛行也助长了违规现象的发生，严重败坏了党风和社会风气，使得党内法规执行环境更加恶劣，执行力大打折扣。

三、社会转型特殊环境冲击制度执行力

当前，随着社会主义市场经济的不断发展、体制的不断转型、利益结构的不断调整，社会结构也迅速改变，原有计划经济时代的老规矩早已过时，跟不上形势的发展，被放进了历史的故纸堆。与此同时，新规矩尚未制定或是处于新旧规矩更替之中，有些制度因为没有进行充分的调研，没有考虑基层的真正需要，刚出台就落伍了或是滞后于形势和任务的发展，也在一定程度上客观地弱化了制度执行力。改革开放后，随着共产主义乌有论、渺茫论、异化论等思潮不断涌入，多元文化相互冲击交融碰撞，传统"忠"文化受到一定程度的冲击，部分党员干部思想出现了动摇、迷茫和彷徨。尤其是苏联解体、东欧剧变，世界共产主义运动陷入低潮后，共产主义失败论更是甚嚣尘上，各种叫嚣之声、唱衰之声奋起，也给部分党员干部造成了极大影响。有的在这些思潮和论调之下，不断忘记初心使命，弄不清楚自己来自哪里、代表谁、为了谁这些基本问题，理想信念发生了动摇，出现了拜金主义、享乐主义和个人主义等有违共产党员价值追求的偏离，功利化倾向明显。一些党员干部为谋求私利，想方设法地规避制度规定，有的缺乏抓制度落实的韧劲与耐力，有的失去了对党纪国法的敬畏和信仰。"干部考评机制不够完善，尤其是'官场潜规则'的存在，常使违反制度者得利，遵守制度

者受损，也极易诱发少数干部急功近利、弄虚作假的制度执行风险。"①受到不良风气影响的党员干部，行为上产生偏差，大搞形式主义，搞花架子、摆花瓶子，严重影响了党内法规的执行。

第四节 资源因素：执行资源的缺乏

"政策执行要投入一定的资源，方能达到既定的政策目标。资源的投入对政策的执行有如赋予活力。"②执行资源包括以人、财、物为主的硬资源和以信息、技术为主的软资源两种。实践中，由于软硬资源的缺乏或是不能及时到位，使党内法规执行受到限制。一是硬资源的缺乏严重影响了党内法规的落实。从人力资源看，党内法规执行的人力资源知识结构、能力素质、理解水平不一。因此，执规水平也是参差不齐。从财力资源看，我国采用相对单一的财务管理体制，党组织的预算由政府统一拨出，因此，财力资源受地方财政预算、财政水平的影响很大，有时因为财力资源不足，不能及时有效地支撑党内法规的运行。二是软资源的缺乏影响党内法规执行。信息、技术资源是软资源的核心内容，与硬资源相辅相成，其对于党内法规的执行具有十分重要的意义。但目前软资源的不足严重影响了执行力的提升，降低了党内法规的实际效用。如信息时代下，反腐败工作越来越依赖网络信息的发展，没有相应的信息技术和侦察手段，反腐败工作必将面临困境。可见，如果没有与硬资源、信息资源相配套的技术资源做支撑，党内法规的执行将大打折扣。③

---

① 居继清、何旗：《增强党的制度执行力的几点思考》，《理论探索》2011年第4期（总第190期）。

② 张世贤：《公共政策析论》，五南图书出版社1986年版，第101页。

③ 谷鑫贺、王国柱：《增强党内法规执行力路径探析》，《行政与法》2018年第9期。

第五节　监督因素：执行监督疲软

党内法规想要顺畅执行，相应的监督机制是重要保障，否则就会流于形式。缺乏监督的制度执行必然导致制度空转。然而，目前存在的问题是，党内法规监督体系相对疲软、比较松散，对党内法规的监督力度不够，对违反党内法规的行为惩戒力度不够，监督范围不明确，程序欠规范，问责制度不完备，评估制度不到位等，执行监督机制还待进一步规范化、体系化、常态化、程序化、科学化，因为这些因素都影响和制约着党内法规的落地生根。

一、健全党内法规的监督制度

党内法规的执行不仅取决于党内法规体系自身是否科学、完善，执行程序设计是否科学，执行主客体能力素质是否较高等因素，同时也取决于执行监督制度是否健全。因此，建立科学规范的党内法规监督体系，是保障党内法规执行的基本前提。只有不断加强对党内法规执行情况的督促检查，才能确保各项党内法规落到实处，才能保障将人民赋予的权力用来为人民服务。但是就目前的监督制度本身而言，既存在监督制度本身缺乏可操作性的问题，也存在外部监督乏力的问题。尤其是对于外部监督力量，缺乏民主党派、社会群众、新闻媒体等监督的明确规定；存在着监督方式单一问题，内容比较枯燥，形式比较古板；存在重形式、走过场，表面上轰轰烈烈，实质上雷声大、雨点小的情况，没有起到监督应有的作用；缺乏对党内法规执行的定期督查和专项督查，致使有些本应该发现和避免的问题越来越严重，从而不利于党内法规的有效执行。

二、完善党内法规的问责制度

没有问责，制度就不能很好地被执行，问责一个，警醒一片。建立党内法规问责制度的主要目的是为了提升制度执行力。即通过问责的制度设计，倒逼各级党组织和全体党员自觉遵守、执行和维护党内法规，为提升党内法规执行力提供制度保障。[①]同时，问责制度的出台，也给群众监督党员干部提了气、加了油、鼓了劲、增加了底气、提供了制度依赖和支持，这样才能确保权力在阳光下运行。习近平总书记指出，有些党内法规之所以执行不力，成了摆设，一个重要原因就是责任不明，落实不力，违反规定后仍然若无其事，怎么处罚无章可循。[②]新的《中国共产党党内问责条例》的出台，就出台目的、违规责任、种类、处分方式等都做了明确的规定，就是针对现实中的问题进行的制度安排。

三、完善党内法规的评估制度

建立党内法规评估制度旨在本着实事求是的原则，对党内法规的科学性、规范性进行审议、评估，进而针对存在的漏洞进行及时的修改、完善、清理的过程。本质是通过评估结果来重新审视党内法规制定的是否合理、是否科学，进而不断提高党内法规质量。建立党内法规评估制度，是进行党的制度建设的重要组成部分，有利于党的制度建设的科学化，不断提高党的制度建设水平。同时，也可以通过评估来分析新制定的党内法规是否与新形势、新任务发展相匹配？是否能真正解决现实问题？是否与高位阶的党内法规相冲突？是否满足广大群众对制度建设的新期待？就目前党内法规的评估制度而言，尚处于起步和探索阶段，[③]需要我们不断在理论上实现突破，在实践中逐步探索，来完善这一制度。此外，对不合理或是过时的党内法规进行审查、清理、修订和废止，本身就是实事求是，就是对科学精神的尊崇，就是对客观规律的把握。但是实际上，就目前的情况来看，还没有形成一套切实可行的党内法规评估机制，而且存在不到位的情况，在一定程度上影响了党内法规质量的提升和良性运行，需要进一步加以研究和探索。

---

① 石佑启、李杰：《论提高党内法规的执行力》，《学术研究》2018年第5期。
② 《习近平关于严明党的纪律和规矩论述摘编》，中央文献出版社、中国方正出版社2016年版，第64页。
③ 王振民、施新州：《中国共产党党内法规研究》，人民出版社2016年版，第206页。

第六章　从古今中外制度建设中汲取营养

提高党内法规执行力，涉及多方面，是一项非常复杂的系统工程，不可能一蹴而就。党内法规执行问题也是一个涉及理论和实践的双重问题，需要在理论上不断深入，在实践中不懈探索，才能找到有效的解决之道。我们不仅应该从我国优秀传统文化中寻本溯源、寻根问路，汲取本民族文化的营养，还应该学习借鉴其他国家的有益经验，真正为我所用，从而提出有效的政党治理和国家治理之策。

第一节　中国优秀传统文化的现实滋养

泱泱中华五千年的灿烂文明，给我们留下了无数的瑰宝，丰盈了我们的精神宝库，因此，我们必须将老祖宗留给我们的好的精神财富利用好，并且将其发挥到极致。

德国哲学家雅斯贝尔斯曾说过："个体自我的每一次伟大的提高，都源于同古典世界的重新接触。"①中华民族的每一点滴进步，都是在与历史的对话中寻求答案。中华民族经过几千年积淀形成的中华民族传统文化，其中有很多都是先祖们从中国古代治国实践中总结出来的精华，值得我们党在新时代治国理政实践中进一步继承和发扬。

中国特色社会主义制度和国家治理体系不是凭空产生的，有着我们民

---

①　[德]卡尔·雅斯贝斯著，王德峰译：《时代的精神状况》，上海译文出版社2005年版，第114页。

族文化的深刻内涵和历史文化底蕴。中华民族创造了灿烂的古代文明,包括大道之行、天下为公的大同理想;六和同风、四海一家的大一统传统;德主刑辅、以德化人的德治主张;民贵君轻、政在养民的民本思想;等贵贱均贫富、损有余补不足的平等观念;法不阿贵、绳不挠曲的正义追求;孝悌忠信、礼义廉耻的道德操守;任人唯贤、选贤与能的用人标准;周虽旧邦、其命维新的改革精神;亲仁善邻、协和万邦的外交之道;以和为贵、好战必亡的和平理念等,都是祖先留给我们的宝贵精神财富,也是中华民族繁衍生息、薪火相传5000多年的文化基因和密码,值得我们学习和借鉴。

具有代表性的传统思想有道家思想、儒家思想、法家思想和墨家思想(以下简称道儒法墨思想)。道儒法墨思想,形成于春秋战国时期,千百年来对中国政治的发展和走向产生了深远的影响。对于社会发展的理论,四大学派主张各异。但对于如何提升古代官吏的执行力,四大学派的主张在某种程度上具有一致性,可谓殊途同归,并对当代提高党内法规执行力建设具有一定的借鉴作用。

对待传统文化,我们要取其精华、弃其糟粕。传统文化中的精髓有如中医治疗,不仅能治病,而且能除病根。所以我们要真正从思想中找到制度执行不力的根源,才能解决现实中面临的问题。

一、儒、道"忠"文化及其对提升党内法规执行力的启示

儒学代表作之一《论语》所言之事,一曰"仁",二曰"恕","仁""恕"者,即是忠孝节义。"从儒家思想的角度出发,人都具有'辞让之心'和'恻隐之心',要促进社会和谐,可以通过教化的方式,激励民众提高个人修养,以实现心理上和精神上的和谐。"[1] "对上",孔子强调"事君能致其身"[2],"临下",孔子强调"临之以庄,则敬;孝慈,则

---

[1] 吴玉梅:《儒家"民本"思想的当代价值研究》,《石家庄铁道大学学报》(社会科学版)2015年第9期。

[2] 子夏、王超:《论语·学而》,北京联合出版社2015年版,第16页。

忠"①。执政主体孝顺仁慈，则能够在工作中公正严肃，为党和国家的发展贡献自身之力，以更好地促进执行主体和执行参与者之间"制度执行——制度支持"的双向协调。②道家代表人物庄子也非常主张"忠君"思想，臣子只要有了对君王的绝对忠诚和信任，就会不遗余力地去执行君王的法令和制度。如此，官员的执行力则不在话下。庄子在《人世间》中指出："夫事其君者，不择事而安之，忠之盛也。"③他认为，掌权的人，应以客观、公正的态度和决心来对待统治者下达的任务，不折不扣地执行君主下达的命令，这就是效忠。这种"大忠，极忠，盛忠"的思想正是执行主体所应该具备的基本素养，也是对党员干部提出的基本要求。

当前以习近平同志为核心的党中央，恪尽职守、夙夜在公、为民服务、为国尽力，真正体现了对党、对人民、对国家事业的无限忠诚，体现了新时代共产党人的责任与担当。不管是提出"八项规定"还是各项党内法规，党中央领导都是身先士卒、以上率下，收到了很好的效果，形成了党内法规执行过程中的良性互动。

忠文化是中华民族优秀传统文化的价值内核之一，巴蔓子是中国古代忠文化的杰出代表。2018年3月10日，习近平总书记参加十三届全国人大一次会议重庆代表团审议时，对巴蔓子效忠巴国的行为大加赞赏，为新时代弘扬忠文化、涵养干部"忠德"破了题，指明了方向。

巴蔓子将军为了国家利益所作的牺牲，体现了一个臣子对国家的赤胆忠心。他刎首留城，可谓忠信两全。巴蔓子将军生于、长于、驻守于、刎首于巴国临江城（今重庆市忠县）。《华阳国志·巴志》记载：战国时期，巴国将军巴蔓子向楚王借兵平定内乱，答应事成后割三座城池作为酬谢。平定内乱后却不忍割城于楚，为了信守诺言，他割下头颅献给楚王。他的忠义之行

---

① 林定川：《孔子语录》，浙江工商大学出版社2015年版，第231页。
② 商植桐、张珩铂、刘玲玉、田雨鑫：《道儒法墨思想对提升党内法规执行力的启示》，《石家庄铁道大学学报》（社会科学版）2018年第3期。
③ 方勇：《庄子鉴赏辞典》，上海辞书出版社2010年版，第28页。

感动了两国,楚王"以上卿之礼葬其头",巴国"以上卿之礼葬其身"。①

忠于巴国和巴国人民,重义讲信,巴蔓子之壮举在巴渝大地广为传扬、世代传颂。唐贞观八年(634年),唐太宗赐名巴蔓子故里为"忠州"。忠州人世世代代纪念巴蔓子。天下至德,莫大乎忠。巴蔓子以刎首留城彰显忠信精神和英雄本色,弘扬的就是中国优秀传统文化的"八德"之首——"忠"。为政以德,莫大乎忠。我们共产党人信守"天下为公""天下大同",坚决反对"忠君"等封建文化和"愚忠"等山头文化。习近平总书记强调,"领导干部要讲政德","明大德"指的是忠于党,"守公德"指的就是忠于人民,"严私德"指的就是忠于法纪。忠于法纪实际上就是要求党员干部行有所止,言有所规,信守党章和党内法规,并忠诚执行,这也是新时代忠文化的现实体现。②同时,忠文化体现了中华民族亘古不变的价值追求,已经深深融入了中华儿女的血脉中,并化为基本的信仰和行为准则。体现在社会主义核心价值观的公民层面:"爱国"就是要忠于国,当好国家主人;"敬业"就是要忠于业,恪尽职守;"诚信"就是要忠于信,言行一致;"友善"就是要忠于道,竭己为人。可见,忠文化已潜移默化为全体公民的情感认同和行为习惯。

当前,提高党内法规执行力,要深入挖掘"忠文化"蕴含的思想观念、人文精神、道德规范,结合新时代要求创造性转化、创新性发展,让干部带头,唱响"千年忠文化、忠义行天下"人文精神,使忠文化展现出永久魅力和时代风采。③中国共产党党内法规执行力建设是需要向"忠"文化汲取经验的,我们党作为执政主体和党内法规的遵守者,应树立良好的忠诚信念。这种"忠",不是狭义上对"一人"的忠,而是广义上对"众人"的忠;不仅是狭义上对"一党"的忠,更是广义上对"天下"的忠。正如习近平总书记

---

① 郑永禧、邓治凡、田发刚校注:《施州考古录校注》,新华出版社2004年版,第35页。

② 《弘扬忠文化涵养干部忠德——从习近平总书记点赞巴蔓子谈起》,搜狐网https://www.sohu.com/a/239305210_684878。

③ 《"忠文化"需要发展提高》,新浪博客http://blog.sina.com.cn/s/blog_9c6958290102y2n2.html。

所强调的那样:"不能把党组织等同于领导干部个人,对党尽忠不是对领导干部个人尽忠,党内不能搞人身依附关系。干部都是党的干部,不是哪个人的家臣。有的干部信奉拉帮结派的'圈子文化',整天琢磨拉关系、找门路,分析某某是谁的人,某某是谁提拔的,该同谁搞搞关系、套套近乎,看看能抱上谁的大腿……"[1]邓小平同志早就说过:"上级对下级不能颐指气使,尤其不能让下级办违反党章国法的事情;下级也不应当对上级阿谀奉承,无原则地服从、'尽忠'。不应当把上下级之间的关系搞成毛泽东同志多次批评过的猫鼠关系,搞成旧社会那种君臣父子关系或帮派关系。"[2]这段话对如何处理党内上下级关系作出了明确的说明:不要将党内上下级关系庸俗化、江湖化。习近平总书记也指出:"党内决不能搞封建依附那一套,决不能搞小山头、小圈子、小团伙那一套,决不能搞门客、门宦、门附那一套,搞这种东西总有一天会出事!有的案件一查处就是一串人,拔出萝卜带出泥,其中一个重要原因就是形成了事实上的人身依附关系。在党内,所有党员都应该平等相待,都应该平等享有一切应该享有的权利、履行一切应该履行的义务。"[3]这段话体现出党中央对党内政治生活中出现的情况非常清楚、非常了解,也是非常重视的,因此提出了正确处理党内政治生活中一系列关系的原则和方法,这虽然是对党内政治生活提出的要求,对党内法规执行也同样适用。

但是当前,党内法规执行情况却不容乐观,出现的以权谋私、权钱交易、"圈子文化""派系斗争""山头主义"以及对党内法规视而不见或是硬性抵抗、软性执行、肆意剪切、钻制度空子等现象,从某种角度来说就是对党的事业的不忠诚。

---

[1] 《严明党的组织纪律,增强组织纪律性》(2014年1月14日),《十八大以来重要文献选编》(上),中央文献出版社2014年版,第769—770页。

[2] 《十一届三中全会以来重要文献选读(上册)》,人民出版社1987年版,第216页。

[3] 《严明党的组织纪律,增强组织纪律性》(2014年1月14日),《十八大以来重要文献选编》(上),中央文献出版社2014年版,第769—770页。

二、法家"法、势、术"思想影响及其对提升党内法规执行力的启示

春秋战国时期各个学派争相辉映,各种思想相互激荡、相互碰撞,可谓百花齐放、百家争鸣。法家就是其中的典型代表,其基本主张就是法治,法家学派的思想主张在我国思想史上举足轻重、发挥着极其重要的作用。它起源于春秋时期,形成于战国时期。法家中比较著名的代表人物是商鞅、申不害、慎到、韩非等。商鞅重法、申不害重术、慎到重势,而韩非子则是法家的集大成者,主张法、势、术三者紧密结合,完善了法治理论体系,丰富和发展了法家理论。

(一)法家"法、术、势"代表者及其思想

1. 商鞅的"依法治国"思想

商鞅变法大家耳熟能详,且影响深远,对秦国的崛起起到了直接促进作用,法家思想也因此成为秦国的统治思想,一直延续到秦始皇时期。一系列的变法主张说明了法家思想的影响非常之大,适合当时社会的发展,符合历史发展的趋势。商鞅的"法"即依靠法律治理国家,约束人们的行为。变法目的就是用法律来规范和约束人们,让人们严格按照法律的规定来办事,保持国家和社会的有序运转。商鞅变法虽然在一定时期内取得了很好的效果,使秦国最终一统天下,但也暴露出了其根本弊端,过重的刑罚也是秦朝速亡的主要原因。

商鞅的思想对后世影响很大,有些方面确实值得我们学习和借鉴。其一,不法古、不循今的社会发展观。商鞅认为社会历史是一个动态的、发展的过程,不应法古。应该根据形势的发展,具体问题具体分析。"圣人不法古,不循今。法古则后于时,循今则塞于势。"[①]他还说:"圣人知必然之理,必为之时势,故为必治之政,战必勇之民,行必听之令。"[②]强调社会历史的发展有其本身的规律,因此不能循规蹈矩、守成如旧。不法古、不循

---

① 张文治:《国学治要集部·子部》,北京理工大学出版社2014年版,第816页。

② 商鞅:《商君书·商君变革宣言书》,敦煌文艺出版社2015年版,第154页。

今就必须进行大刀阔斧的改革,所以商鞅在秦国一直主张进行锐意进取的改革。其二,依法治国的思想。商鞅思想的核心即依法治国,他认为实行法治是历史发展必须遵循的基本规律,是"必然之理"。法是判断是非功过的唯一标准,不以人的意志为转移,万民百姓一律平等,都必须照章办事。商鞅认为,颁布法律,必须让百姓有知情权,做到周知,这是法律执行的前提。因此,他在秦国颁布法令制度时,力求做到家喻户晓。"为法,必使之明白易知。"① 法令颁布后就必须严格执行,不管是君王、臣子还是普通百姓都要遵守法律,都要受法的约束,正所谓"王子犯法与庶民同罪"。虽然不能做到绝对的公平,但在当时的历史条件下,能提出"王子犯法与庶民同罪"已属不易,在一定程度上有利于封建关系的稳定。

2. 申不害的驭权之"术"

申不害主张"术",认为"术为法用"②。但他所说的"术",是在执行法的前提下使用的,而"法"又是用来巩固君主统治权的。因此他并不是不讲"法"与"势"的。关于君主的权势,申不害认识得很清楚。在战国诸侯争霸的情形下,君主专制是最能集中全国力量的政权形式,也是争霸和自卫的最佳组织形式。他说:"君之所以尊者,令也,令之不行,是无君也,故明君慎之。"③ 令是权力的表现,是一种由上而下的"势"能。"权势"是君主的本钱。

"术"是君主的专有物,是驾驭驱使臣下的方法。"法"是公开的,是臣民的行动准则,而术却是隐藏在君主心中,专门对付大臣的。申不害认为应该加强君主权势的运用,来监管官吏。他说,"君如身,臣如手",君主要对付大臣是由复杂的社会斗争所决定的。"术"是一种驭权之谋略,是

---

① 姜以读、李容生编著:《中国古代政府管理思想精粹》,国家行政学院出版社2000年版,第227页。

② 殷昂主编:《中华传统文化精要普及读本》,北京工业大学出版社2007年版,第247页。

③ 殷昂主编:《中华传统文化精要普及读本》,北京工业大学出版社2007年版,第248页。

君主对群臣进行监督、考察、任免、考核、驾驭群臣、谨防大权旁落的最好方法。"术"的基本特征是不易被察觉和识破，比较隐晦，藏匿于内心，不外漏，不然就失去了作用与威力。体现为"课群臣之能"，即对群臣进行监督、考查、防范等办法。国君任命臣下，必然要求臣下忠于国家、忠于自己、忠于职守、遵规守纪，并要时刻提防臣下犯上作乱，篡权夺位。这是保证国家有效治理的重要手段。

3. 慎到的"权势论"

慎到重势，提出"讲法兼势"。重"势"是为了更好地推行法律，君主只有掌握了控制时局的足够权势，才能保证法律的执行。他认为，任何变法和处事之道都要看权势的变化，必须依靠权势来控制变法，以达到强国之目的。否则，再好的法律也推行不下去，但慎到没有将自己的治国思想诉诸实践。

慎到有个比喻非常形象地说明了君主和权势二者的关系。他把君主和权势喻为飞龙和云雾，飞龙有了升腾的云雾才能乘势高翔，才能飞得高，行得远，如果云雾渐渐散去，飞龙就没有任何优势，就成为地上的蚯蚓了。以此类推，如果有了一定的权势，即使再昏庸残暴的皇帝，命令也能被很好地执行。反之，如果没有了权势，即使君主再贤达，命令也会被搁置，百姓也不会听从。所以，慎到主张法治，反对儒家主张的"以德治国"，认为光靠道德的约束是远远不够的，不足以保障法律的贯彻执行，会产生很多弊端，后患无穷。

在慎到的思想体系中，"势"被强化，并被置于法、礼之上，是从事政治活动的基本前提。慎到的权势集中论的基础在于主张——权势大小取决于老百姓支持的寡众以及支持的程度。其权势论最核心的思想在于打破了"君权神授"说，提出了君主"为天下"说，"运天子以为天下"，意思是君主不是为牟取一己私利而产生的，而是为了兼济天下，有利于国家和社会的有效治理。同时，慎到还提出了"谁养活谁"的问题，以进一步说明国君是由百姓供养的，权力也是百姓授予的。因此，君主必须为国家和社会尽职尽责，更好地为民服务，做到权为民所用、利为民所谋。事实上，国君为国家和民众服务是天经地义之事。这是对传统的"君权神授"说的有力回击,在当时来看,确实是一大进步。基于"权势论",慎到旗帜鲜明地主张法治。他认为"国家之政要,在一人心矣"①,即要想维护国家和社会的长久稳定,就必须保持人心之平稳与和谐,这对于治理国家、维护社会稳定意义重大。要达此目标,慎到认为唯一可行的办法是依法治国。"一人心"即是法治的根本内涵所在。

4. 韩非子集"法、势、术"于大成

战国末期思想家韩非子是法家思想之集大成者,在韩非子"法、势、术"思想中,"法"是法律,"势"是权力,"术"是制度。韩非子把"法、势、术"结合起来,就是建议统治者通过建立健全的法律制度,同时掌握一整套驾驭百官和臣民的技巧,达到治理国家的效果。韩非子的观点是:"法不阿贵,绳不挠曲。法之所加,智者弗能辞,勇者弗敢争。刑过不避大臣,赏善不遗匹夫。"②其中"法不阿贵,绳不挠曲"的意思是法律不偏袒有权有势的人,墨线不向弯曲的地方倾斜,指法律对每个人来说都应公平公正,一视同仁。这一思想对于我们今天全面从严治党同样具有十分重要的意义。

韩非子主张依法治国,让法治观念深入人心,变成每个人的价值追求和共识,从而把法治作为治国理政的基本方式。同时他还主张,不管是达官贵人,还是普通百姓,在法律面前人人平等,都应该享受同等的权利和义务。用法律对官员施以绳墨,进行规范的思想和理念,不管是当时还是现在,都具有很强的价值意义。韩非子将惩处和激励相结合,不一味主张严厉刑罚,这一点非常值得肯定。韩非子强调:"以法为本,以法为教,竭力倡导将法律规范付诸实践,掌握刑赏二柄,便国安暴乱不起。"③他倡导要对高效执行法律的人进行物质或是精神奖励,对于违反法律的人进行严厉惩处。同时,二者还要有效结合,方能产生实质效果。他认为,法律由国家制定,官府负

---

① 刘泽华:《中国政治思想史集(第一卷)·先秦政治思想史》,人民出版社2008年版,第132页。

② 选自《韩非子·有度》。

③ 李辰杨:《秦始皇传》,华中科技大学出版社2013年版,第189页。

责实施，但前提是让老百姓周知；主张法律制定后就具有相对的稳定性，不可随意更改，要保持法律的延续性，正所谓"法也者，常有也"；"术"是君主统治手段和策略的简称，是法律制度得以高效执行的重要保障，包括任免、考核、赏罚各级官员以及如何维护君主的权力和权威。法莫如显，而术不欲见。法律是强制性的制度规范，应该公之于众，而术则不然，应该藏匿而不外漏，择机而施。高明的君主必须善于掌控权术来统治臣民，如果不懂得权术，就有可能导致"臣下轻君而重于宠人"[①]，产生结党营私乱象。因此，必须加强对臣子的制度约束。韩非子之所以强调术是希望统治者用智慧管理国家，明大德，具有王者风范，不要沉溺于反复冗杂的事务性琐事中去。

"势"主要指君主手中的权威。韩非子认为，君握柄以处势，故令行禁止。统治者君临天下，不是能力有多强、德行有多高，而是拥有势。势者，胜众之资也。"势"受"法"与"术"的约束，同时反作用于"法"与"术"。因此，他告诫统治者，必须牢牢掌握权势，须臾不可松懈。权势是君主得以存在并推行法家主张的前提，失去了势，法律就会成为一纸空文，而统治之术也就失去了存在价值，无从谈起。同时他指出，官员的权力受国家法律的约束，也受奖惩制度的统摄，不是随心所为的。这一思想从根本上制约了官员的懒政无为。

（二）法家"法、势、术"思想对提高党内法规执行力的启示

中华优秀传统文化博大精深，法家"法、势、术"思想给当前全面从严治党提供了重要启示。尤其是对开展党内政治生活和提升党内法规执行力意义重大。以习近平同志为核心的党中央提出了"四个全面"战略目标：全面建成小康社会、全面深化改革、全面依法治国、全面从严治党。其中全面从严治党和全面依法治国战略目标的确立，其思想根源也在于此。党的十八大以来，党中央审时度势，根据对形势和任务的研判，果断提出了全面依法治

[①] ［清］王先慎集解，姜俊俊校点：《国学典藏·韩非子》，上海古籍出版社2015年版，第520页。

国的思想战略，开辟全面依法治国理论和实践的新境界，开启了中国特色社会主义法治的新时代。2014年10月23日，党的十八届四中全会通过了《中共中央关于全面推进依法治国若干重大问题的决定》，对加快建设社会主义法治国家进行了全新的安排和部署。几年来，中国特色社会主义法治建设逐步迈入更加规范化轨道，未来必将谱写出更加璀璨的壮丽诗篇。

全面从严治党是党的十八大以来党中央作出的重大战略部署，是习近平总书记在2014年10月8日党的群众路线教育实践活动总结大会上首次提出来的全新概念，是"四个全面"战略布局的重要组成部分，也是其他战略布局顺利推进的根本保证。党的十八大以来，全面从严治党取得了世人称赞的好成绩，十九大报告用"成效卓著"进行了概括。全面从严治党落实到实践中就是依规治党，而依规治党要想取得效果，就要提升执行力。我们在对"党大还是法大""权大还是法大"的伪命题进行驳斥的基础上，提出了"将权力关进制度的笼子"，将党纪国法作为规范、约束党员干部行为的双重红线，拷问和检验其执行力。提升党员干部的执行力，必须强调党纪国法的重要性，不能越雷池半步。我们要用党纪国法来鞭策党员干部的行为，这是提升执行力的根本保证。

法家思想根植于几千年来中国文化独特的历史情境，"而法、势、术思想只有融入我们党制度建设的基本话语体系中，并被真正地作为一种信仰加以坚守或执行"[①]，才能达到执行主客体及环境的完美结合，进而提升党内法规执行力。

三、墨家"尚同""尚贤""强力从事"思想及其对提升党内法规执行力的启示

墨家产生于战国时期。创始人为墨翟，又叫墨子。墨家学派纪律严明，要求其成员到各国为官必须推行墨家主张。其中核心思想就是"兼爱、非攻"和"强力从事"，即人与人之间要平等相爱，崇尚和谐，反对侵略战

---

① 张弘、陈浩：《先秦法家领导思想：法、势、术领导力的融合新解》，《领导科学》2016年4月中。

争,同时,要将理念付诸实践。正如习近平总书记说的:一分部署,还要九分落实。墨家学派主张"兼相爱,交相利",并将其作为学说的基础。主张视人、爱人如己,"兼爱"可谓是一种古老的"博爱"思想。墨子认为,只有"兼相爱"才能达到"交相利"的目的。墨家学派在政治上、经济上、思想上都提出了相应主张。比如,政治上主张尚贤、尚同和非攻;经济上主张强本节用;思想上提出尊天事鬼。同时,又提出"非命"的主张,强调靠自身的强力从事。也就是崇尚和谐,尊重贤能,反对战争,即非攻。"非攻"反映了墨家学派反对通过不正当的手段,尤其是反对通过发动不义之战达到不可告人的目的的思想。推崇节约以用、反对奢侈浪费,重视继承前人的文化财富,吸收祖先的思想文化精华,即"明鬼",同时还要掌握自然规律,即尊天。此外,虽然墨家主张尊重先人的智慧,但是并不信命、接受命运的主宰,而是要强力从事,靠自己的努力改变命运。这一思想也是值得我们今人学习的。

(一)墨子"尚贤"思想对于提升党内法规执行力的启示

"尚贤"是墨子的一个重要思想。他认为,对贤良之人的尊崇,就是为社会树立了风向标。选贤任能也是国家和社会得以发展的重要标志。孟子说:"得道者多助,失道者寡助。"[①]墨子说:"国有贤良之士众,则国家之治厚;贤良之士寡,则国家之治薄。"[②]儒家"得道者多助"也是建立在对贤能之人的汇聚之上的。随着时间的推移,封建君主在儒家礼仪体制支配之下,用人上更加讲究"任人唯亲",而对贤能之人有时则置之不理,让英雄无用武之地。而墨子所主张的"尚贤",是真正意义上启用贤能之人,利用贤人来治理国家。与儒家观点还是有本质区别的。为什么说墨子"尚贤"对提升执行力有帮助呢?提拔重用贤能之人、忠诚之人、德行好的人,他们就能将君主意志及时地推行到民间去,从而达到社会的和谐稳定。否则,就会钩心斗角、推诿扯皮、敷衍应付,社会就会陷入无序状态。当今,党内法规已然

---

① 吴迎君:《〈孟子〉名句》,天地出版社2009年版,第50页。

② 刘邦凡、何太淑:《当代中国政治管理学导论》,吉林出版社2014年版,第350页。

确立,接下来是要更好地贯彻执行,如果任命更多优秀的党员干部,不断提升制度执行力,我们党制定的目标任务和战略部署就能如期实现。

(二)墨子"尚同"思想对于提升党内法规执行力的启示

尚同与尚贤相辅而行,也是墨子思想体系的一部分。墨子认为,如果政令不一,上下不一致,只能导致社会动乱,这是治国之大忌。尚同是为政之本,用今天的话来说,就是与党中央保持高度一致,保障中央政令畅通。墨子的尚同思想意指实施自上而下的控制与管理,带有集权主义特征。它要求不管是组织系统还是思想观念,都要绝对地服从上级,绝对不可反其道而行之。墨子认为,上下级之间要统一思想,达成共识;尤其是下级,必须要贯彻执行最高层意志。俗话说,思想是行为的先导。没有统一的思想,就不可能有统一的行动。墨子主张"一同天下之义",即把天下人的思想统一起来。墨子尚同思想对于今天提升党内法规执行力也具有借鉴意义。党内法规的制定要进行充分的调研,了解民意和各方面诉求,制定出来之后要公之于众,或教育培训或宣讲,让党员干部或是社会成员周知,达成制度认同,执行主体提升忠诚度和执行能力,从而整个社会高度和谐一致,执行制度也就蔚然成风。

(三)墨子"非命、强力从事"思想对于提升党内法规执行力的启示

墨家思想重克己修身,讲兼爱非攻,求苦行济世,图强力从事。墨家所讲的"非命、强力从事"是对墨家执行力思想的最好诠释。墨家是诸子百家中第一个驳斥儒家"命定论"的代表。墨子认为,儒家倡导的"我命固且贫"的命定论乃是"暴人之道",之所以"人民衣食不足,国家社稷倾覆",其根本原因就是自身不努力,绝非命之使然。因此,必须以高效的执行力来改变自身处境,而不是命中注定如此。墨子通过对行为后果并非命运安排的"非命论"的深刻阐释,提出了要想改变现状,必须"强力从事"的思想,具有非常强的进步意义。"强力从事"要求:作为君王,一定要克己修身,勤于政务,不能昏庸无能、无所作为、荒废时日;作为臣子,则要忠君体国、发愤图强、遵规守纪、高效执行;作为百姓,力戒过度饮食、贪图

安逸，要勤于劳动、从事生产。

墨家是平民文化的代表，与儒家"精英文化"可以说是泾渭分明。墨家"强力从事"思想对党内法规执行力水平提升具有重要启示。党内法规执行过程是制度建设的关键节点，也是打通制度建设"最后一公里"的关键。执行主体只有发自内心地、自觉自愿地、勤奋高效地"强力从事"，将这种思想内化于心，久而久之，才能外化于行，才能坚定其执行行为，党内法规执行力建设水平才能真正上一个大的台阶。①

第二节　国外政党制度执行经验镜鉴

当今世界，是政党政治主导的世界。世界政党虽然在性质、纲领、信仰、执政理念等方面千差万别，各具特色，但从政党政治发展的规律看，仍然有许多共同之处。放眼全球，把眼光投射到世界政党政治之上，研究带有共性的规律，即将我们党制度建设置身于世界政治制度背景之中，认真总结世界相关政党党内法规建设的历史，分析总结其中的利弊得失，并适当借鉴吸收其中的合理因素，以便在修订和完善法规制度时及时汲取。让中国共产党的制度与世界政党制度建设进行"时空对话"，并通过比较和借鉴外国政党经验来研析我们党的制度建设问题，这为我们党的制度建设提供了又一新视角。

"一些政党在推进治理现代化方面，取得了成功的经验，得以继续在本国的政坛叱咤风云；而另一些政党则付出了惨重的代价，直至失去了政权。"他山之石可以攻玉，学习和借鉴国外政党的成功经验，汲取它们的失败教训，对于中国共产党实现治理现代化，有着十分重要的现实意义。②实现国家治理体系和治理能力现代化，不仅是我们党治国理政的目标，也是实现

---

① 商植桐、张珩铂、刘玲玉、田雨鑫：《道儒法墨思想对提升党内法规执行力的启示》，《石家庄铁道大学学报》（社会科学版）2018年第3期。

② 俞可平：《世界主要政党规章制度文献——新加坡》，中央编译出版社2015年版，第3页。

党的建设科学化的要求,同时也是实现政党治理现代化的题中应有之义。而实现政党治理的现代化,则是世界各国主要政党必须共同面对的现实课题。

为此,本文特选取原苏联共产党,发达国家的美、英等政党以及新加坡人民行动党等典型为例,作为比较对象,并加以剖析。旨在通过比较分析,去粗取精、去伪存真,找出政党制度建设的规律性认识,从而为中国共产党的制度建设提供借鉴。

本节选取以苏联共产党为代表的苏东社会主义政党和以美国为代表的发达国家政党为比较对象,以求比较的对象更具代表性。旨在通过比较,去粗取精、去伪存真,增加党的制度建设的理论生长点,找出政党执政的规律性,为中国共产党的制度建设提供借鉴。

一、中国共产党制度建设值得吸取的教训:以苏共丧失执政地位为视角

苏联共产党在世界政治舞台上曾经显赫一时,占有十分重要的地位,它既开辟了共产党执政的人类新纪元,又成为世界共产主义运动失败的典型标志。对于执政的中国共产党来说,加强对苏联共产党过往的研究意义重大。本文选取苏共作为研究对象的意义也在于此。苏共的垮台原因众多,其中忽视党的制度建设是一个关键原因。苏联共产党长期否定甚至放弃民主集中制,导致组织涣散、纪律松弛、党内派别林立,最终脱离群众、亡党亡国,前车之鉴,不可不察。中国共产党如何加强自身建设,打破"七十年铁律的咒语",进而跳出"历史周期律",就成为当前摆在我们党面前的一个必须要加以回答和应对的课题。总结苏联失败的教训是为了更好地明史以明智。

苏共的失败是一个悲剧。俄罗斯哲学家恰达耶夫在自己的第一封《哲学书简》中作了惊人预言:"我们是被以某种方式开除了的民族。我们属于这样一种类型的民族,这类民族不在人类之列,他们的存在只是为了给世界提供某种重要的教训。当然,我们提供的教训是不会被人抛弃的,但是又有谁能够说得出,我们何时才能成为人类的一员,我们究竟要经受多少磨难才能实

现我们的使命?"①苏共的失败,是这个民族为世界政党政治提供的一个重要教训。它也带给我们许多深刻的启示。

通过对苏共失败和苏联解体的分析,在党的制度建设和执行上还有很多教训,总结起来,主要有以下五个方面:

(一)党要管党,强化政党的政治功能,这是提高党内法规执行力的重要保障

我们党执政后面临的一个比较突出的问题是,党在不断强化执政集团的功能的同时,在一定程度上弱化了政党自身的功能,出现了"党不管党"的现象。事实上,党的建设应该与党的政治路线充分结合,同时服务于党的政治路线,但绝不能用执政行为取代党的建设。一个不注重自身建设的党,是不能保持自己的鲜明党性和政治优势的。作为执政党,千万不要把自己变成单纯的行政机构和一般的事务性团体。一定要加强纪律建设,党要管党、全面从严治党,将我们党打造成坚强的政治堡垒,练就金刚不坏之身,成为党和人民信赖和衷心拥护的政治组织。"加强纪律性,革命无不胜"。对于从事革命斗争的政党来说,铁的纪律是克敌制胜的法宝。对于执政党来说,加强党的纪律建设是维护党的团结统一、积聚执政资源、巩固执政地位的重要基础。然而苏共在长期执政过程中忽视党的纪律建设,导致党组织缺乏凝聚力和战斗力,党积累几十年的执政资源耗费殆尽,甚至毁于一旦。②有鉴于此,我们党总是十分强调加强自身建设,练好内功。

(二)民主集中制原则不能丢,这是提高党内法规执行力的纪律保障

列宁在建设俄国工人党的过程中,在《党的改组》一文中第一次明确提出了"民主集中制"的概念。在《党组织的基础》中,列宁强调,"党内民主集中的原则是现在一致公认的原则,"必须在实践中有效地贯彻执

---

① 马尔科维奇、塔克等著,李宗禹主编:《国外学者论斯大林模式》上册,中央编译出版社1995年版,第337页。

② 张连月:《政党执政纲鉴:实现从革命党到执政党的转型》,中央文献出版社2005年版,第256页。

行。同时，他对民主集中制作出了具体的阐释。他指出，所谓党内集中，主要是指全党要有统一的章程、领导机构和严明的纪律，强调中央权威、下级组织对上级组织的服从，反对各自为政以保障全党的行动统一、步调一致。斯大林执政期间，对民主集中制原则作了进一步的修改和补充。1934年，联共（布）通过的党章首次对民主集中制原则作了概括性表述，"党的一切领导机关从上到下都由选举产生，党的机关定期向自己的党组织报告工作，严格地遵守党的纪律，少数服从多数，下级机关和全体党员绝对服从上级机关的决议。"《中国共产党章程》也明确规定："一切党组织对于地方性问题有自主决定的权利，但这些决定不得与党的决定相抵触。"不难看出，党章中关于民主集中制的规定，缩小了党组织的自主权，强调集中和"绝对服从"。斯大林执政时期，将党内出现的不同意见看作是阶级斗争在党内的反应，用残酷斗争、无情打击甚至恐怖、暴力手段处理党内争论，以此来维持党的团结和统一。民主集中制遭到严重破坏。党内民主集中制的丧失使苏共主要领导人逐渐形成了个人专断、专横跋扈的作风。党内缺乏思想和理论创新活力，思想僵化，教条主义盛行。

众所周知，铁的纪律对于党的团结和统一至关重要。但有些政党在长期的执政中，似乎忘记了这一重要原则。尤其是苏共将积累几十年的各种执政资源丧失殆尽。戈尔巴乔夫执政后，一味强调民主，主张所谓的自由，否定甚至抛弃民主集中制原则，允许党内派别活动。他认为，民主集中制是导致官僚主义的祸根，他以捍卫个人权利为由，反对"个人服从组织"，导致了无组织、无纪律情况的发生。主张党员参加各种俱乐部，结果党内纪律废弛、派别林立。他将"下级服从上级"的规定予以废除，认为这是官僚主义的作风。另外，他还将"全党服从中央"定性为"反民主和严格等级制"的表现，因而予以取消。按照这样一系列决策，改组后的苏联共产党和原来大不一样，很快就失去了原有的组织优势和凝聚力，党内派别林立，变成了松散的政治俱乐部，最终苏共被广大群众所抛弃，在反对派的进攻下溃不成军。苏共抛弃"民主集中制"带来的后果不可估量，原来组织严密的党涣散了，成了一盘散沙，党内派别林立，失去了应有的战斗力，客观上为苏共垮台埋下隐患。事实上，执政多年的印度国大党、日本自民党、印尼专业集团、中国国民党都存在着党内派系林立的情况，也备尝失去政权的苦果。

革命导师历来十分重视纪律的重要性。马克思曾强调指出："我们现在必须绝对保持党的纪律，否则将一事无成。"①列宁也一再强调无产阶级政党纪律的重要性。他坚定地认为，如果否定或是无视党的纪律，就无异于一盘散沙，形不成任何凝聚力，就等于完全解除无产阶级的武装而向资产阶级缴械投降。毛泽东也坚决反对破坏党的纪律的行为，并把加强纪律性看作是我们党取得胜利的重要保障。不管是战争年代还是和平时期都是如此。1948年，解放战争时期，虽然形势一片大好，且非常喜人，但也不容乐观，党内无组织、无纪律现象有所抬头，一些重大决策不请示不报告的情况屡有发生，毛泽东同志对此高度警觉。因此在"九月会议"上提出了"军队向前进，生产长一寸，加强纪律性，革命无不胜"的著名口号，为取得全国革命的最终胜利打下了坚实的基础。在革命导师的眼里，党的纪律须臾不可缺少。在2013年6月28日召开的全国组织工作会议上，习近平总书记也强调指出："要严明党的组织纪律和政治纪律，教育引导党员、干部自觉维护中央权威，始终在思想上政治上行动上同党中央保持高度一致，维护党的团结统一。"②

不管是在革命战争年代还是社会主义建设时期，无产阶级政党的组织纪律都发挥着极为重要的作用。因为它是维护党的团结统一的基础，是贯彻执行党的路线方针政策的重要保证。要把我们党建设成具有超强团结力和凝聚力的战斗堡垒，使其思想上和组织上达到高度统一，就必须有严格的组织纪律来维护和保证。否则，就可能招致失败的风险。同时，党的纪律还是加强同群众血肉联系和增强党的战斗力的重要保障。井冈山时期，我们就是靠"三大纪律、八项注意"这一铁的纪律，赢得了民心，获得了人民群众的支持和拥护，由于纪律严明，不仅拉近了与百姓的距离，部队的战斗力也大幅提升。而党的民主集中制原则作为党的纪律的重要组成部分，功不可没。无

---

① 《马克思恩格斯全集》（第29卷），人民出版社1972年版，第413页。

② 习近平：《建设一支宏大高素质干部队伍　确保党始终成为坚强领导核心》，《人民日报》2013年6月30日。

产阶级政党统一的组织纪律即"四个服从"。无论在任何情况下,一切言论和行动都必须与党中央保持高度一致,服从大局利益和全党利益,防止极端民主化、自由化思想破坏党的纪律,同时强调人人平等,不管是普通党员还是领导干部,一律平等,不允许任何人凌驾或是超越党纪、国法之上,享受特权,因为搞特权本身就是在违背民主集中制和党的组织纪律。①

总之,民主集中制是我们党和国家的重要的组织纪律和政治纪律,千万不能丢。我们党不仅需要发扬民主,调动各方面的积极性,同时也需要集中和纪律。尤其是对于我们这样一个拥有9000多万党员,在14亿多人口的大国执政的大党来说,纪律是保证我们党坚强有力的重要条件,也是我们事业取得成功的重要保证。党和国家的政治生活之所以有序运行,就是因为遵循民主集中制这一根本的组织原则和领导制度。这为党内法规执行奠定了良好的纪律基础。

(三)加强监督,防止领导人权力过分任性

不受制约的权力必然导致腐败,这是我们倡导让"权力在阳光下运行"的基本逻辑。国内外马克思主义执政党在执掌政权的过程中,都不可避免地出现过由于个别人或少数人掌握着权力,但是权力缺乏监督和制约,因而出现权力滥用的问题,给党的事业造成了损失。拿苏联来说,一方面与苏共高度集权体制有关,另一方面则是缺乏对领导人进行监督的有效制度。苏联共产党在这个问题上长期实行过分的集中制,忽视对党的领导人的权力的监督,给党的建设带来了很大损失。领导者个人"家长制",独断专行,党内民主缺乏制度保证,党的集体领导很难发挥作用。当个别领导人出现严重错误时,苏联共产党便无法阻止这些错误的发展和蔓延。出现权力高度集中、民主缺失的原因是由多方面因素导致的。一是列宁、斯大林所从事革命活动的俄国,是一个带有浓厚军事封建色彩的国家。在沙皇专制统治下,无产阶级政党不可能合法存在,一切活动都只能在秘密状态下进行,党内不可能实行完全

---

① 梁瑞英:《新时期中国共产党党内民主集中制建设研究》,中国社会科学出版社2014年版,第53页。

的民主，只能实行高度集中统一的领导，党才能生存发展下去。二是俄国党在初创阶段，党内思想分歧、派别林立、组织涣散，也非常需要实行集中统一的领导。列宁早在被流放期间就提出，必须建立一个统一的、集中的党。

后来他针对俄国各种马克思主义组织的分散性，提出了少数服从多数的民主集中制原则，这一原则对于发扬民主、加强纪律性、统一思想、凝聚共识起到了非常巨大的作用。但是这一原则没有被很好地坚持。在斯大林执政时期，大搞肃反运动，一大批党内外人士被错捕、错杀。这种严重破坏法制的事件，是最高权力失去制约的结果。党内缺乏民主、权力失去监督，是斯大林时期建党模式的消极表现。权力集中在少数人手里，而党又无法对他们进行有效监督。这些权力拥有者要接受来自上级的监督，因此必须眼睛往上看，而置普通群众的感受于不顾。如此，从中央到地方就形成了一整套高度集权的体系，监督的效应严重弱化了。更值得关注的是，这一时期党内会议制度遭到严重破坏。最突出的表现就是党的代表大会制度没有得到很好的贯彻落实。

党的代表大会年会制，最初是由马克思、恩格斯开创的。后来在列宁时期，虽然由于战争等方面的原因，党的代表大会也都基本上按时召开。但是到了斯大林执政时期，就发生了转变。党内的政治生活越来越不正常。党的代表大会和中央全会居然不能按期召开。比如，党代会中只有十三大和十四大实行了年会制，其余都没有按时召开，其中十八大和十九大之间相距时间最长，相隔时间为13年。而中央全会就召开得更少了。这样，既破坏了党内正常的民主生活，又丧失了对权力的监督制约，监督制约机制被削弱甚至无效，反过来又强化了个人集权。到了赫鲁晓夫时期，虽然苏共成立了党和国家监察委员会，但并没有发挥应有的作用，仍然无权监督中央决策。勃列日涅夫时期，虽然把党和国家监察委员会改名为人民监督委员会，但是又规定，其开展活动时要受本单位行政领导人领导，使其作用十分有限。[1]尤其是戈尔巴乔夫时期，推行公开化、民主化运动，允许党内有派、党内有党，

---

[1] 操申斌：《国外政党党内法规制度建设的经验及启示》，《合肥师范学院学报》2014年第5期。

党的民主集中制不仅没有得到恢复，反而被完全抛弃。同时，他个人独断专行、一言堂发展到极端，将中央政治局、书记处和中央委员会架空，权力不受约束和监督，最后甚至演变成由戈尔巴乔夫以党的总书记名义宣告解散苏联共产党，而全党却无力挽回危机的局面，导致苏共最终垮台。这是个惨痛的教训。苏联解体的历史教训充分表明，出现这种极端民主化现象的主要原因是苏共在长期高度集权制度下，权力无限膨胀，缺乏有效监督。不受制约的权力必然导致腐败，腐败的出现和蔓延使共产党和人民之间的关系日益疏远，最终失去人心，亡党亡国，前车之鉴，不可不察。

（四）加强基层党组织建设

党的基层组织是党的各级组织的基础单位。党的十九大报告指出，"党的基层组织是确保党的路线方针政策和决策部署贯彻落实的基础。要以提升组织力为重点，突出政治功能，把企业、农村、机关、学校、科研院所、街道社区、社会组织等基层党组织建设成为宣传党的主张、贯彻党的决定、领导基层治理、团结动员群众、推动改革发展的坚强战斗堡垒。"①这是以中央文件的形式对基层党组织重要性的一个高度诠释。同时，十九大党章也这样提到，"党支部是党的基础组织，担负直接教育党员、管理党员、监督党员和组织群众、宣传群众、凝聚群众、服务群众的职责。"②我们党有9000多万名党员，活跃在460多万个基层组织中。党支部处于最基层，是整个党组织的"神经末梢"，是落实党的路线方针政策和各项工作任务的"毛细血管"。由于党支部处于最基层，是贯彻实施党的政策、主张的前沿阵地，党的一切任务的完成都离不开党支部卓有成效的工作。陈云在他所著的《党的支部》一书中这样写道："支部是党的最下层的组织，也是党的最基本的组织，党的一切口号、主张、政策，依靠支部才能具体深入到群众中去。依靠支部在群众中日常的宣传组织工作，才能使广大群众团结在党的口号、主张、政策下，进行革命运动。"基层党组织在制度执行中的重要性就在于此。如果基

---

① 《党的十九大报告辅导百问》，党建读物出版社、学习出版社2017年版，第51—52页。

② 《中国共产党章程》，人民出版社2017年版，第47页。

层党组织软弱涣散了，其执行力更是空谈。

基础不牢，地动山摇。我们党是执政党，党要巩固执政地位，必须加强基层党组织建设，夯实党的执政基础。正如习近平总书记所讲："基层是党的执政之基、力量之源。只有基层党组织坚强有力，党员发挥应有作用，党的根基才能牢固，党才能有战斗力。"但是，就党的建设而言，还存在弱化、淡化、虚化、边缘化的问题，不能不引起我们的高度重视。正如2016年习近平总书记在全国国企党建工作会议上的讲话所说的那样："新形势下，国有企业坚持党的领导、加强党的建设，总的要求是：坚持党要管党、从严治党，紧紧围绕全面解决党的领导，党的建设弱化、淡化、虚化、边缘化问题，坚持党对国有企业的领导不动摇，发挥企业党组织的领导核心和政治核心作用，保证党和国家方针政策、重大部署在国有企业贯彻执行。"①这一论断虽然是在国有企业党的建设会议上提出来的，但是对于全党存在的问题也同样适用。2017年，在党的十九大上，习近平总书记又发表重要讲话，他说："推进党的基层组织设置和活动方式创新，加强基层党组织带头人队伍建设，扩大基层党组织覆盖面，着力解决一些基层党组织弱化、虚化、边缘化问题。"②现在，我们的广大基层党组织的状况可以说不容乐观。这一点党中央是非常清楚，也非常了解的。2016年2月4日，习近平总书记在中央政治局常委会会议审议"两学一做"学习教育方案时发表讲话，他说："现在，相当比例的基层党组织软弱涣散甚至瘫痪，一些基层党组织形同虚设，必须加以整顿。"同时，他还提到："苏联解体的教训之一，就是党的基层细胞坏死了，失去功能了。开展'两学一做'学习教育，就是要把全面从严治党落实到每个支部、落实到每名党员。"

从苏联失败的教训中可以看到，苏联解体原因是多方面的。但是如果追根溯源的话，还是党的建设没有抓好，党员干部党性修养缺失、理想信念动摇、组织涣散、纪律松弛、党内派别林立，基层组织失去了其原有的功能，最终脱离群众，失去执政地位。如果将其概括为一句话，就是执政基础没有打好。

---

① 《习近平谈治国理政》（第二卷），外文出版社2017年版，第176页。
② 《党的十九大报告辅导读本》，人民出版社2017年版，第64页。

在面对苏联共产党、苏联政权面临生死存亡的关键时刻，没有任何一个党组织、任何一个党员真正意义上站出来，捍卫苏联共产党和苏联社会主义政权，而是选择了静观其变，所以苏联解体也就不足为奇了。

随着苏联共产党基层组织的弱化，党员干部的积极性得不到有效激发，执政基础渐渐被削弱，尤其是削弱了基层组织执行党的路线、方针、政策方面的能动性，很多政策落不了地。当前，我们加强党的建设，就要从巩固党的执政地位的战略高度将基层党组织建设纳入巩固党的执政基础、提升执政能力的大视野中去，去解决当前基层党组织所面临的问题。

（五）加强党的干部制度改革，不断激发党员干部执行制度的热情

作为有着长期传统的苏联共产党在改革的冲击下土崩瓦解，与它长期推行的干部制度不无关系。长期以来，苏联共产党没有形成科学的选拔、任用和监督干部的有效制度机制，党员队伍建设存在一定的瓶颈性问题，致使在实践中运行不畅。事实上，早在1979年，邓小平同志就指出："政治路线确立了，要由人来具体地贯彻执行。由什么样的人来执行，是由赞成党的政治路线的人，还是由不赞成的人，或者是由持中间态度的人来执行，结果不一样。"[①]这句话充分说明了党员干部的政治觉悟、能力素质等方面的要素对于推进党的制度执行方面的重要性。

正确的政治路线确定之后，干部就是决定因素。共产党的干部是党的事业的骨干和人民的公仆，这是我们党的干部区别于其他一切剥削阶级官吏的最重要特征。党的干部不管地位有多高、权力有多大，都是人民的勤务员、人民的公仆，都只能为人民服务，而绝不可以高高在上，当官做老爷。党的干部要把为人民服务作为各项工作的出发点和落脚点，踏踏实实地将党的路线方针政策落到实处。

二、与以美国为代表的发达国家政党制度建设和执行的比较与借鉴

政党的发展已经成为现代国家发展的一个重要条件。在现代国家中，从

---

① 《邓小平文选》，人民出版社1983年版，第191页。

进行选举、组织政府,到管理国家、制定和执行政策,通常都是通过政党来实现的。国家犹如一部政治机器,政党则是这部机器的发动机。国家依赖政党的动力求得运作和发展。①

西方发达国家在政党制度方面存在差异。例如,美国在政党制度上是两党制,实行三权分立;法国是多党制,实行总统制;英国虽然采取两党制,在政府形式上却是行政权与立法权紧密结合的议会——内阁制。当然,如果抛开制度差异,就政党的行为而言,则具有共同性,即这些国家的政党都是在竞争的环境下生存的。无论是内阁制,还是总统制,政党都是围绕选举而出现的。一旦选举结束,政党成员便分别进入不同的国家公权力机关开展工作。一般而言,政党组织不是国家机器的组成部分,它们对于自身活动都有制度规范,都要制定一定的规章制度,以保障党内政治生活依规行事。

执政党组织政府之后,制度和政策的制定就成为关键一环。有了正确的政策主张,就有了实现目标的可能性。

由于各国情况不同,执政党领袖在制定决策过程中所依靠的力量也是有差别的。以美国为例,总统掌握大权,在决策制定、任免政府人员方面发挥着巨大作用。但在美国的政治体制下,总统的决策制定一般体现的是总统个人的影响,而不是政党的影响。总统的决策活动不是依靠党组织,而是直接依靠内阁、幕僚的支持和政府成员对其的忠诚度。

在西方国家,执政党的决策形成后,如何很好地贯彻执行呢?一是靠本党的党员在政府中的个人活动来体现执政党对权力的掌控。二是在获得政府决策权的同时,党也保持自己的决策权,进入政府中的党员对于政府和本党决策都要执行。在美国,执政党执行决策就是第一种模式。由于总统的特殊身份和地位,他集政府首脑和党领袖于一身,党的全国委员会都要听命于总统。因此,党的决策就真实地体现在总统的决策中,这些决策的执行实质上就是在执行党的纲领。由于总统掌握着决策机构和决策执行机构,因此执行力也是比较强的。当然,对于美国执政党而言,也有苦衷。就是缺乏对立法机关进行控制的正式渠道。由于美国总统不是由国会选举产生的,因此不对

---

① 周敬青:《中外政党制度建设论纲》,中共中央党校出版社2005版,第18页。

国会负责，国会里的多数党与少数党也不构成执政党与反对党的关系。总统所在的党在国会两院可能是多数党，也可能是少数党，或者在其中一个院是多数，在另一院是少数。如时任民主党总统的克林顿，面对的就是两院都由共和党占多数的国会。①总统作为本党领袖，虽然可以对议员施加影响，但却不能强制他们按照总统的意愿投票。这样，即便总统所在的党在国会两院都占据上风，但在表决立法时也不一定令人满意，况且总统所在的党事实上经常处在少数地位。毋庸置疑，总统的优势得天独厚，可以利用自己的特殊地位为本党谋取福利，还可以通过党的全国委员会主席间接操纵政党的议员候选人提名和竞选经费的使用，从而影响国会选举和国会议员的态度。但毕竟总统和国会议员分属于不同的授权体系，对本党议员不能发号施令，本党议员也没有服从总统的义务。总统与本党国会议员的联系，决策的执行，以及官员的任命等，一般都采用协商的形式。这和欧洲执政党是不同的。

和美国相比，欧洲执政党虽然在执行决策时也有领袖和议员的关系问题，但最关键的是在执行决策时如何使党和政府的决策有机协调。欧洲政党，尤其是欧洲各国的社会民主党属于"外生型政党"，其特征是议会外的党组织掌握着很大的决策权。一般来说，议会内的党组织和在政府中的本党成员都必须服从党代表大会的决议。这很容易产生摩擦。从各国执政党的实践看，为了避免决策冲突，执政党在制定政策时，会给进入政府的党员留有较大空间。既然执政党把本党党员送进政府以实现对政府的控制，而这些党员又以政府官员的身份来进行活动，那么，政党对党员的要求越具体，就越容易使二者产生矛盾。为了避免这种矛盾，执政党就不能对这些党员多加干预，以避干政之嫌。所以，欧洲国家执政党通常只制定政策主张，对于从事政务活动的党员的具体行为，则给予很大的自主权。除非情况特殊，否则执政党在执政期间一般不会通过政府外党的决策机构重新制定政策，来要求在政府工作的党员执行。

欧洲国家执政党领袖与议员之间的关系，不仅在党内体现为领导与被

---

① 王长江、姜跃：《现代政党执政方式比较研究》，上海人民出版社2002年版，第89页。

领导的关系，在政府内部也是上下级关系。党的领袖有权要求议员执行党的决策。为了保障政府决策的有效执行，执政党内部都有严格的纪律。对于违反党规党纪的党员议员，党组织会进行严厉惩处，严重的还有可能被开除出党。这是欧洲各国议会党团的通行规则。同时为了维护秩序，不少政党都在议会党团内部设有督导员，专门监督议员。1995年之前，英国工党总督导员职责包括：督促本党议员遵守党的纪律，可以对不听从命令的议员采取惩戒措施，可以建议党领袖将其开除出议会党团。

此外，为了保证党的决策的有效执行，西方国家政党一般采取党内协调的方式，这与欧洲执政党内部的复杂关系密不可分。这里边的协调范围比较广，包括党政领导层之间以及党的中央组织和地方组织之间的有序协调。[1]

三、新加坡人民行动党制度建设的宝贵经验

新加坡位于马来半岛最南端，是一个地域狭小、资源匮乏的城市国家。1824年沦为英国殖民地，1941年被日军占领，1963年并入马来西亚，1965年成立新加坡共和国，尤其是人民行动党在1994年11月上台执政以来，在20多年的时间内新加坡从贫穷走向富强，跻身于新兴工业化国家行列，为亚洲"四小龙"之冠，被称为"亚洲奇迹"。其成功经验产生的"新加坡效应"，影响了东盟、印度、越南及亚洲许多国家，包括中国大陆。[2]新加坡近年以高效行政和廉洁政治著称。这不仅在于其电子政务的广泛使用，还源于其有一套比较成熟的制度机制。曾经的新加坡事实上没有我们想象的那么美好，也不是一片净土，曾经腐败盛行。新加坡是如何从一个腐败横行的贪腐重地，变成连续十多年全球廉洁政治排名靠前的国家呢？2010年新加坡曾经跃居世界廉洁排名第一位。

据《透明国际2020年度报告》显示，新西兰和丹麦以88分的高分并列榜

---

[1] 王长江、姜跃：《现代政党执政方式比较研究》，上海人民出版社2002年版，第89页。

[2] 俞可平：《世界主要政党规章制度文献——新加坡》，中央编译出版社2015年版，第1页。

首，成为全球最清廉的国家。新加坡取得了85分，与芬兰、瑞士和瑞典并列第三，成为唯一跻身排行榜前五的亚洲国家，再次受到亚洲各国乃至世界瞩目，成为亚洲最清廉的国家。近年来，新加坡成功地创造了在一党执政条件下实现经济、政治、社会等方面的长足发展的局面。经济腾飞不仅仅是生产总值的简单增长，这背后与国家制度、政治体制治理模式、领导能力等都有极大关系。新加坡有制度优势，实行议会共和制，即总统为国家名义元首，由全民选举产生，任期为6年。总统委任议会多数党领袖为总理。总统有否定政府财政预算、调查贪污案件、审查政府行使内部安全法令所赋予的权力等。新加坡的治理可以说是东方政治与西方政治的完美结合。不仅从制度上保证了国家的繁荣、团结与稳定，在吸取借鉴西方民主制度的优势后，又将东方的家长制融入国家治理之中，将英国国会的两院制改为一院制，使执政党的权力更加集中。教育上，不仅注重学习西方技术，而且更加注重灌输东方传统的价值理念，既鼓励竞争，又强调集体主义精神。对待民族关系上，则采用调和、平衡、融汇的办法，努力营造一家人的气氛。①

新加坡前总理李光耀曾经这样说道，没有人民行动党，就没有现代化的新加坡。人民行动党之所以能够成功，关键就是其长期以来实行的"从严依规治党"策略，并将其付诸实践，是一个执行力超强的政党。新加坡与中国同处"儒家文化圈"，其执政主体与我们党较为相似，新加坡人民行动党"依规治党"的实践经验对我们有很多借鉴意义。

新加坡人民行动党通过建立严密的党内法规来约束党员行为，维护党的先进性，保障党的长期执政地位。一是建立严格的《新加坡人民行动党章程》。该章程是人民行动党的行动纲领，主要包含一般的纪律规定和有关纪律检查或监督机关权力和责任的规定两部分内容。二是建立严格的公务员管理制度。由于新加坡的政府工作人员基本上都是人民行动党党员，因此，对公务员的监督管理，基本上等同于对党员的监督管理。对公务员的选聘、培养、晋升以及考核、奖惩等，都有具体的管理体制和相关法律制度，主

---

① 俞可平：《世界主要政党规章制度文献——新加坡》，中央编译出版社2015年版，第1页。

要包括《公务员法》《公务员行为准则》《公务员纪律条例》《防止贪污法》《财产申报法》等。特别是《公务员指导手册》，被奉为公务员的"圣经"，手册中除包括有关法规外，对公务员的行为举止等细节都做了详尽的纪律规定。[1]值得我们学习和借鉴。三是在从严治党的反腐倡廉建设方面成效显著，执行力也是超乎预期。

人民行动党在执政后将党与政府的廉政建设有机结合，将反腐倡廉落到实处。一是坚持依法反腐败。新加坡两部最重要的打击贪污腐败的法律就是《防止贪污法》《没收贪污所得利益法》。另外，《公务员指导手册》也对预防和惩治腐败作出了详细规定。这些法律法规内容具体务实、可操作性强，为反腐倡廉提供了充分的依据和保障。二是赋予贪污调查局足够权威。《防止贪污法》赋予新加坡贪污调查局特别侦查权、无证搜查与强行搜查、对财产的查封扣押、检查复制银行账户、要求有关人员提供犯罪证据、要求嫌疑人申报财产、无证逮捕以及限制转移财产等特殊权力。同时，贪污调查局还经常检查政府机关执行公务的程序，对容易发生腐败现象的部门人员进行定期轮换。三是要求领导率先垂范。新加坡前总理李光耀认为："没有一个国家的政治体制能免于腐败，最重要的是核心领导没有贪污腐败，贪污问题就能逐步解决。一个国家能否解决贪污问题，关键往往在于这个国家的领导人本身是否有决心以身作则。"人民行动党不搞特权，也不搞个人崇拜，从不张挂党和政府领导人的画像。部长和官员进行日常公务活动没有公车接送。四是重视公务员财产申报。新加坡有专门的《财产申报法》，只要是公务员，都必须按照规定程序依法进行财产申报。此外，新加坡法律还规定，对有贪污受贿等违法行为的公务员，一律全部撤销其公积金，使其晚年生活无保障。

总之，新加坡人民行动党以党和国家利益为上，全面推行从严治党，管党治党理念已经内植于公职人员心中，外化为他们的自觉行为，并且成为一种习惯养成，由此保持了执政地位的稳定性。尽管新加坡国情和中国存在很

---

[1] 郑传贵：《新加坡人民行动党"全面从严治党"的实践经验与启示》，《领导科学》2015年9月中。

大差异，但是两国同属于"儒家文化圈"，深受儒家思想影响，具有很大的价值认同基础，新加坡人民行动党的执政理念和实践值得深入学习。虽然新加坡人民行动党不断完善的"从严依规治党"实践经验不是十全十美的，我们也不可能照搬照抄其模式，但是其在党的建设方面所体现出的与时俱进、雷厉风行、追求实效的作风和超强的执行力，仍然给我们党制度建设提供了很多有益启迪，值得我们更好地学习与借鉴。①

四、对国外执政党制度建设的批判与借鉴

政党是现代政治的重要主体和基石。一个政党的决策如何与时俱进？政策主张如何更体现民意？政党的组织规范、运作体制和活动方式如何更加完善？这些对于不同的政党而言都是常谈常新的课题。一般而言，执政党的建设与革命党的建设有很大区别，研究不同国家执政党的制度建设，目的是汲取外国执政党制度建设的成功经验，从中找出规律，避免走弯路。

我们党愿意吸收人类政治文明建设的优秀成果。我们要处理好发挥自身优势和吸收、借鉴他人经验的关系，不能故步自封，也不能盲目排外。除了根本制度外，在某些体制和机制方面，尤其是在有些具体制度方面，一些资产阶级政党的做法确实可圈可点。这个方面我们党很早就有认知。毛泽东同志早在执政之初就表达过，要通过不同政党的比较、借鉴，获得对我们党有益的东西。他还这样说道，像斯大林这样严重破坏法制的例子，在西方国家是不可能发生的。因此，他表明在具体制度上可以吸收借鉴于我们有利的文明成果。周恩来总理在新中国成立之初也表示，允许唱"对台戏，当然这是社会主义的'戏'"②。

刘少奇在党的八届二中全会上的讲话中还举例进行了说明。他说，瑞典首相坐公共汽车上班，华盛顿做八年总统之后回家当平民，艾森豪威尔当总司令、总统，退职之后又去当大学校长，认为"资产阶级的有些制度也可参

---

① 郑传贵：《新加坡人民行动党"全面从严治党"的实践经验与启示》，《领导科学》2015年9月中。

② 《周恩来选集》（下卷），人民出版社1984年版，第208页。

考"。①党的十一届三中全会以来,我们党历届党中央领导人更是以海纳百川的胸怀强调学习、借鉴国外优秀制度成果的必要性。但是我们的吸收借鉴不是原封不动地照搬照抄,也不能以借吸收借鉴之名行西化之实,而是应该从我国实际出发,运用马克思主义的立场、观点、方法,批判地吸收和借鉴外国政党制度建设的精华,从而积极稳妥地加强制度建设。②因此,本章通过对比分析,对国外执政党制度建设进行批判地吸收,总结了几条制度建设和执行的基本经验,从而为我们党制度建设提供参考。

(一)破除高度集权的弊端

制度制定的根本目的在于克服人性弱点,同时,也为了制约权力运行中产生的消极影响和负面因素,发挥制度本身的张力。党内法规设定的目的也是为了规范权力的有效运行。然而,党内法规作为一种制度规定,本身不能发挥作用,需要通过执行主体的自律和自觉。同时制度作为一种强制性规定,更多的是以外部的强制力量作为支撑方能见效。而这种强制力量就是权力。党内法规是保障权力有效运行、规范运行的手段和举措,党内法规执行的外力依托是权力,只有在权力授权的范围内,党内法规才能在实践中被执行和发挥效力。而如果权力不能被很好地运用,尤其是权力过于集中,缺乏合理配置的话,就不能保证党内法规的贯彻执行。因此,依规治党形式上是以党内法规规范权力运作,实质上是以权力制约权力。在实际生活中,权力的合理运行有赖于党内法规的规范,党内法规的有效实施又有赖于权力的支撑,如果没有相关权力的支持,执行就可能会被搁浅。而实际上,能够支撑党内法规实施的权力也不是一般的权力,必然是具有内在制衡机制的权力。只有充分地认识到这一点,才能真正理解依规治党和依法治国的实质。因此,在各级党组织中,要克服领导者权力不受制约的弊端,进一步健全党委集体领导制度。在权力的运行中,领导干部的权力行为要受到制度规范和责

---

① 《刘少奇论党的建设》,中央文献出版社1991年版,第647页。
② 周敬青:《中外政党制度建设论纲》,中共中央党校出版社2005年版,第23页。

任约束。①

（二）坚持民主集中制原则

苏联解体、东欧剧变后，国外一些共产党纷纷放弃民主集中制原则，出现党内派别林立，组织涣散，纪律松弛，腐败盛行，进而脱离群众，亡党亡国的悲剧，教训相当深刻。当今，国外多数共产党仍然通过坚持民主集中制原则，充分地发挥集体领导的作用。许多政党强调要把民主和集中相结合，加强集体领导，防止权力过分集中。既要求党员遵守党的组织原则，同时也要实行党务公开、多数决定、集体领导等一系列措施。发达国家多数共产党实行集体领导，党的总书记没有特殊权力。

（三）强化对党员的纪律约束

没有规矩不成方圆。作为拥有9000多万党员的大党，党的纪律不可或缺。对于破坏党的纪律的党员，或是将自己利益凌驾于政党利益之上的党员，或是党性严重缺失的党员，必须给予一定的处分。一些外国政党加强纪律建设方面的经验和做法，值得我们学习和借鉴。我们党要始终站在时代前列，永葆党的先进性和纯洁性，就必须不断加强自身建设，进行伟大的自我革命，消除陈弊，革旧出新，方能成为中国特色社会主义事业的坚强领导核心。从世界政党兴衰成败的经验教训看，党纪严，则政党兴旺发达，否则，就会遭遇挫折。因此，从严治党，严格对党员干部的纪律约束，已经成为大多数国家执政党的共识。

（四）抛却事无巨细地包揽一切

党的领导主要是把方向、谋大局、定政策、促改革，不是事无巨细地把事情都抓在手上，这样就会使党变成带有官僚主义的办事机构。中国共产党是执政党，我们党主要是通过法定程序将党的主张变成国家意志，实现对党和国家事务、政治生活的有效领导。但是，在实际运作中，有的时候却存在党包揽一切的现象。事实上，处于执政地位的共产党不是政府组织，也不是

---

① 王寿林：《科学配置权力是制度建设的核心》渭南政法网http://newspaper.jcrb.com/html/2014-03/11/content_154351.htm。

直接管理机构，而是通过组织动员，充分发挥党员的模范作用，将党的决策部署真正落到实处。因此，千万不能将党组织权力化、庸俗化。如果这样，势必削弱党的领导。

（五）党的活动必须在制度化框架下进行

随着西方社会的快速发展，政党立法也日益规范。法国、德国等国家新制定的宪法中，都有关于政党的条款。有些国家专门制订政党法，对有关政党活动进行详尽限制和规定。当然，资本主义国家的政党立法有强烈的阶级性，反映的是资产阶级的意志，是为了阶级统治而服务的。

我们党的立法要体现中国特色和无产阶级政党的特色和属性，不能照搬照抄西方政党立法的内容，而只能扬长避短，汲取其精华，建立适合中国国情的社会主义政党法律规范。党的制度建设的目的，就是使党组织和全体党员在党规、党法和国家法律的制度框架下活动，从而对其进行教育、管理、监督、约束。在依法治国的整个系统中，我们党是主导，起着引领航向的重要作用。虽然党的制度建设与国家法制建设二者不尽相同，但在中国的政党体制下，只有二者相融合，相辅相成，互为补充，方能收到实实在在的效果。

第七章　提升党内法规执行力的战略思考和策略分析

提高党内法规执行力是一个非常复杂的系统工程，不仅是重大的理论问题，也是重大的实践问题。提高党内法规执行力需要进行全方位的战略思考，也需要进行多维度的策略分析。

第一节　提高党内法规执行力的战略思考

一、坚持党的领导，保证党内法规执行的正确政治方向

在建设社会主义法治国家进程中，党始终发挥着根本性、全局性领导作用。从我国目前法治工作基本格局出发，只有加强和改善党的领导，充分发挥党总揽全局、协调各方的领导核心作用，领导立法、保证执法、支持司法、带头守法，才能确保依法治国的正确政治方向。

2014年10月23日，习近平同志在中共十八届四中全会第二次全体会议上的讲话中指出："党的领导是中国特色社会主义最基本的特征，是社会主义法治最根本的保证。坚持中国特色社会主义法治道路，最根本的是坚持党的领导。"[①]将党的领导贯穿到依法治国的方方面面，不仅是我国法治建设的基本经验，也是法治建设的根本保障。我国宪法明确规定了中国共产党的领导地位。坚持党的领导，是社会主义法治的根本要求，是党和国家的根本所在、命脉所在，是全国各族人民的利益所系、幸福所系，是全面推进依法治国的

---

① 《习近平谈治国理政》（第二卷），外文出版社2017年版，第114页。

题中应有之义。党的领导和社会主义法治的目标是一致的,社会主义法治必须坚持党的领导,党的领导必须依靠社会主义法治。只有在党的领导下依法治国、厉行法治,人民当家做主才能充分实现,国家和社会生活法治化才能有序推进。依法执政,既要求党依据宪法、法律治国理政,也要求党依据党内法规管党治党,提高党内法规执行力。我们党是执政党,党要履行执政兴国的要务,既要依据宪法和法律,又要依靠党内法规来规范党组织以及党员干部的行为,规定党组织的设立和运行等,党规直接规范着党的执政活动,是党依法执政的重要依据。

党领导法治必须有规可依、有规必依,如果不依靠党规来规范党的活动,就难以实现党领导法治国家建设的规范化和程序化,也难以保障法治建设沿着健康的方向前行。社会主义法治的本质特征就是坚持中国共产党的领导。加强党内法规建设要坚持党的领导,坚持宪法为上,党章为本,自觉服务于中国特色社会主义总体布局,服务于党的建设新的伟大工程,从制度上确保党的理论和路线方针政策的贯彻落实。

二、应将党内法规建设纳入中国特色社会主义法治体系加以推进

党的十八届四中全会通过的《中共中央关于全面推进依法治国若干重大问题的决定》,作出了重大战略部署,把"建设中国特色社会主义法治体系,建设社会主义法治国家"确立为全面推进依法治国的总目标,并且把"形成完善的党内法规体系"纳入建设法治国家的视野中,并被列为中国特色社会主义法治体系。[①]

在建设法治中国过程中,把党内法规建设作为中国特色社会主义法治体系的有机组成部分加以推进,是党中央的重大谋略,可谓高瞻远瞩,顶层设计非常科学。因为党纪国法对于我们党这样一个在有着14亿多人口的大国执政的大党来说,二者都非常重要,且不可偏废。应注重党纪国法的衔接和协调,使二者相辅相成,相得益彰,共同彰显其威力和魅力。如此,才有利于

---

① 陈洪波、黎虹、张红英:《加强党内法规制度建设 为从严治党提供制度保证》,《湖北日报》2015年4月25日。

提升党内法规执行力,提高党的建设科学化水平,才有利于在法治轨道上推进国家治理体系和治理能力现代化。

党规与国法作为中国特色社会主义法治体系的重要组成部分,二者在约束对象、职能等方面虽然各不相同,但都是政党治理和国家治理的利器。建设法治国家,需要国家法律保驾护航。但是,由于我们党在国家政治生活中的特殊地位,要完成时代赋予的重任,有效规范约束人们的社会生活,除了依靠国家法律外,党内法规也是关键。党内法规主要起着对各级党组织和广大党员的教育、管理、监督职能,通过党纪功能的发挥,充分调动9000多万党员的积极性、主动性、创造性,从而带动14亿多老百姓,共同为美好生活而奋斗。因此,党纪和国法二者相互作用,互为补充,二者各司其职,统一于中国特色社会主义法治体系中。坚持和加强党的全面领导,走中国特色社会主义法治道路,建设包括党内法规在内的中国特色社会主义法治体系,是我国法治建设的一个重要特色和巨大优势,与西方法治有明显的区别。①

总之,党规与国法和谐共生,共存于中国特色社会主义法治体系中,必将进一步成为我们党治国理政的"神器",从而发挥更大效力。

三、从全面从严治党的维度去深刻理解和把握

十八大以来,以习近平同志为核心的党中央全力反腐,推进全面从严治党。全面从严治党,关键在于拥有一整套科学、规范、可行的党内法规。党内法规是管党治党的有力武器,是党的建设的重要法宝。党纪严于国法,"严""治"二字内涵深刻,为全面从严治党确立了根本标准。把严的要求通过党的纪律规矩贯穿到管党治党全过程和各个方面,着力解决党内存在的突出矛盾和问题,赢得人民群众的信任和社会的广泛赞誉,是党建的目标。而依规治党,则必须以提高党内法规执行力为突破口。

制度的生命力在于执行。有了制度不执行,制度就会成为一纸空文。一分部署,九分落实。习近平总书记强调,制度一经形成,一旦确立,就要严格遵守,坚决维护制度的尊严和权威。落实习近平总书记关于狠抓落实的

---

① 宋功德:《党规之治》,法律出版社2015年版,第66页。

基本要求，当前工作的重中之重就是有规必依，违规必究，提高思想认识和贯彻落实党内法规的自觉性，同时把"四个意识"落实到依规管党、治党的实践中。要提高制度执行力，让制度、纪律真正成为"达摩利斯之剑"，高悬于党员干部头上，建立巡视制度和执行党内法规的长效机制，使查处违纪问题制度化、经常化，杜绝形式主义和走过场，让党员、干部心有所畏、守住底线。决不能让党内法规成为镜中花、水中月，成为稻草人、纸老虎等摆设，造成"破窗效应"。①

四、在依法治国框架下对党内法规进行整体建构

依法治国是现代政党治理国家的基本方式，也是我们党治国理政的根本方略。而宪法作为国家的根本大法，是党和人民整体意志的集中体现，是治国安邦的基石和根本遵循。坚持依法治国不是空洞的口号，其首要的就是要依宪治国。而坚持依法执政首先就要做到依宪执政。依法治国必须要维护宪法的尊严和权威，必须在宪法的框架下治国理政。这就要求不仅制定法律要以宪法为准绳，而且制定党内法规也应该奉行"宪法至上"的基本原则。《中央党内法规制定工作规划纲要（2013—2017年）》明确规定宪法至上，"保证党内法规制度体系与中国特色社会主义法律体系实现内在统一，保证各级党组织和党员在宪法和法律范围内活动"。所以说，只有将党内法规建设放到宪法和依法治国的整体框架下去全面统筹、具体规划，才能使依法治国和管党治党朝着同一个方向用功，最后形成整体合力，才能提高制度执行力。

五、将提升党内法规执行力纳入对政党发展规律、共产党执政规律和自身建设规律的认识和把握中去

党内法规建设不能就党建论党建，也不能就制度建设论制度建设，应该有国际格局、世界眼光、战略思维，应将其纳入更宽广的视野中去考察。

政党政治指的是一个国家通过政党行使国家政权的形式。政党争取成为

---

① 中共纪委法规室：《把依规治党贯穿全面从严治党过程中》，《中国纪检监察报》2016年12月21日。

执政党，然后通过领导国家政权来贯彻执行党的政策，使自己所代表的阶级或阶层、集团的意志变为国家意志。这是政党政治的基本逻辑和核心追求。而加强党内法规建设的过程，就是将党的意志上升为国家意志的过程。这不仅彰显了党"打铁必须自身硬"的宏大气魄，而且体现了我们党通过依规治党促进依法治国的决心。以依规治党和提升执行力为抓手，将政党政治和法治建设完美结合，不仅为政党政治发展提供了全新路径，而且为世界各国政党政治的发展贡献了中国智慧、中国方案。

随着执政方位的转变，我们党逐渐认识到法治建设在国家治理中的重要性和在自身建设中的重要价值。加强党内法规建设，不仅确立了管党治党的基本依据，夯实了全面从严治党的制度基石，而且有利于以党内治理现代化推进国家治理现代化，以党内法治建设带动国家法治建设，进而统筹中国法治进程，筑牢中国共产党治国理政的现实根基。众所周知，政党尤其是执政党在整个国家的治理结构中处于十分重要的地位，发挥着非常重要的作用，政党的制度化水平是衡量政党是否成熟的标志性指标，也是体现该政党组织是否具有生命力和战斗力的重要因素。在这样一个世界局势纷繁变幻的时代，我们党要适应新的执政环境、应对新的执政使命，完成新时代的赶考任务，打破"七十年铁律"的咒语，跳出"历史周期律"，需要建立一套科学、高效的制度体系，并且不折不扣地加以执行。所以，我们党更加强调"制度治党"的重要性和紧迫性，提出全面从严治党，尤其是通过依规治党推动党自身建设的有序推进。

六、从保证党和国家执政安全的角度去认识

20世纪80年代末，东欧剧变、苏联解体，一些长期执政的大党、老党纷纷丧失政权，退出历史舞台，实在令人震惊、让人痛心。在世界范围内，执政党的执政出现了重大挑战和前所未有的危机。由此，政党执政安全问题备受关注，成为摆在各国执政党面前的一项必须重新审视和面对的重大课题。执政安全问题不仅关系着政党的生存和发展，而且关系着国家兴衰和人民福祉。

因此，我们必须全面加强党的建设，只有"打铁必须自身硬"，才能应

对执政危机，化解执政风险，从而任凭风浪起，稳坐钓鱼台。要加强党的自身建设，制度建设是重中之重。我们要认真总结我们党100年来、世界政党几百年来制度建设的理论和实践成果，联系实际，求真务实，探索适合中国国情和中共党情的党内法规建设途径。加强制度建设是马克思主义政党的基本特性和宝贵品质，是我们党管党、治党的优良传统和政治优势，是新时代全面从严治党的有力支撑和治本之策，也是我们保证党和国家执政安全的重要抓手。尤其是党的十八大以来，以习近平同志为核心的党中央高度重视制度建设，不断强调要提高制度执行力，加强制度的贯彻落实，强调依规管党治党，极大地增强了党的凝聚力、战斗力，保持了党的先进性、纯洁性，为党和国家事业取得历史性成就、发生历史性变革提供了坚强保障。

第二节 提升党内法规执行力的策略分析

制度的生命力在于执行。再好的制度，如果没有有效执行的话，就是一纸空文，更谈不上提高执行力的问题。只有通过制度的有效执行，才能保证制度执行目标的实现。提高党内法规执行力是一项复杂的系统工程，不只是简单的制定问题，而是制度层面、人的层面、环境层面、资源层面和机制层面相互影响、相互促进和协调的过程。

一、制度层面：构建科学完善的党内法规体系

党内法规制度体系是否科学完善，直接影响甚至决定着整个国家制度建设科学化的进程。党内法规制度体系化程度越高，表明政党的政治成熟度越高，执政合法性的基础就越稳固、执政能力和水平也就越高超。一个政党，尤其是执政党，要想加强和更好地完善国家社会或是政党治理，科学完善的制度体系不可或缺。随着制度理论的发展和实践的拓展，制度自身也在不断地修正完善之中，并且向着更高的阶段迈进。对于我国而言，现在已经进入了中国特色社会主义新时代，整个国家正在向着法治化国家有序迈进，这就

要求有完整性、体系化的党内法规为基础和依托，只有以完善的党内法规作标尺，才能规范和调整党内生活的方方面面，保持政党纯洁、政府清正、政治清明。一个具有强大生命力和持久动力的政党，必须努力不断探寻制度化发展之路，在制度的实践中，制度的记忆将会跨代传递。中央党校教授叶笃初说："制度是根本大计，既能管事也能管人，既能管现在也能管未来，我们最稳定、最有把握的就是制度。"[①]因此，全面提高党的制度建设科学化水平，提高党的依法执政能力，必须建立健全以党章为根本、以民主集中制为核心，由一系列相关具体法规制度组成的党内法规制度体系。

依规治党必须注重党内法规的系统化配置，形成规范有序且相互配套的制度体系，这是一个政党成熟的重要标志。我们党从成立之初，就不断加强纪律建设，进行制度的不断探索，形成了许多务实有效的制度规范。尤其是改革开放以来，中共中央各部门制定了数百个党内法规，地方副省级以上党委又结合地区实际相继出台了3000多个地方性党内法规。可以说，党内法规不可谓不多，但比较"零散"，缺乏统筹规划。建立党内法规体系成为当前党的制度建设需要解决的一个重要课题。这就需要对党内法规制度进行"顶层设计"，加强整体规划，进行全面统筹，将党内法规制度资源盘活，使其运转起来，以发挥制度整体合力。

（一）着力提高党内法规的科学性

党内法规效能的首要前提是科学性。一部自身就欠科学的法规，即使有良好的实施环境和执行机制，其效能也会大打折扣。要确保法规行之有效，就必须着眼于自身的"科学性"。

党的十八大报告指出，要着力提高制度建设的质量和水平，确保各项党内法规行之有效、令行禁止，说到底就是必须要"管用""有效"。因此，党内法规制度建设必须着眼于增强自身的"科学性"，做到各项制度之间、党内法规制度同国家法律之间的配套、衔接。同时，要提高党内法规制度的

---

① 杨秀丽：《党建热点问题深度解读》，国家行政学院出版社2014年版，第98页。

科学性，还要建立党内法规备案机制、审查修正机制、评估和反馈机制、结果运用机制等。从而对不合时宜的党内法规进行及时的清理修订、对已有的法规制度进行及时的补充完善，同时根据形势发展需要及时规划制定新的法律法规。在制定、出台新的党内法规时，要注意扩大党内民主，广泛征求党内意见，提高党内法规制定的参与度和满意度。①

对于备案机制，中央曾经出台《中国共产党党内法规和规范性文件备案规定》（以下简称《备案规定》），要求"有件必备"。事实上，党内法规备案传统由来已久，早在解放战争时期，毛泽东同志就在《中共中央关于建立报告制度的补充指示》中指出："下级党组织应将自身发出的有关党、政、军等各方面的指令与答复报中央得知，文件过长者还可以酌情考虑只报送摘要。"②可见备案工作早已引起党的重视。备案以后，要求相关部门定期对已有党内法规制度进行审查梳理，对行之有效的坚决贯彻执行；对不够严谨的或是具有明显缺陷的及时修订完善；对落实中发生失误的要及时纠偏改正；对已经过时的不适应当前形势发展的要及时废止；对现实中需要但是现行党内法规没有涉及的内容，要认真研究补充，及时出台相关制度。同时，要选准配优党内法规评价指标。着重从教育、监督、改革、惩治等工作中，抽取反映党的制度体系建设绩效的关键性指标，提高评价结果的科学性。接下来，就是要用好评价方法。坚持以定量评价、客观评价为主，开展民意问卷调查工作，综合反映制度建设的真实效果。此外就是重视结果反馈。是制度本身缺陷的要进行修正；是人为原因的要及时纠偏；需要细化的要尽快完善；需要制度配套的要抓紧制定，使制度在执行中不断优胜劣汰。③

（二）着力提高党内法规的系统性

当前党内法规制度确实制定了不少，但是比较"松散"，缺乏统筹规

---

① 陈锦荣：《中国共产党党内法规制度效能研究》，中共中央党校2013年硕士论文。

② 中央档案馆：《中共中央文件选集》第17册，中共中央党校出版社1982年版，第132页。

③ 李海洋：《党的制度体系建设研究》，中共中央党校2012年博士论文。

划、宏观审视，迫切需要通过"顶层设计"对党内法规制度进行统筹协调，真正发挥党内法规制度体系的整体合力，从而在根本上保障以党章为基准、以民主集中制为核心的党内法规的贯彻执行。党内法规体系化建设的重点是对党内法规进行整体规划，从全局和战略维度去审视制度建设，盘活现有党内法规制度资源，使制度活起来，促使党内法规体系连贯融合，科学衔接，以体现系统性、整体性、协同性。

增强党内法规制度的体系化。首先要运用系统思维，对党内法规进行统筹，不断增强党内法规制度的系统性。可以组织权威专家从现实出发，从宏观上规划党内法规制度体系，构建党内法规制度体系的整体逻辑和思维框架。其次要注意党内法规之间的协调。各项党内法规制度的内容应该不交叉重叠，也不相互打架，要体现连续性，且衔接紧密。在党的十一届三中全会之前，党内法规受各种"运动"的影响，缺乏稳定性。十一届三中全会之后，党内法规的规范性、体系性逐渐增强，中共中央党内法规制定规划已经具有稳定的预期性和指导意义。笔者认为，应在遵循党内法规制定规划的指导下，理性地看待现有的党内法规制度。在具体的党内法规制定规划过程中，只有着眼于科学完善的党内法规体系，同时兼顾现有党内法规与制定党内法规之间的融洽性，使党内法规之间彼此协调，才能够提供明确的指引，从而进一步推进党内法规的执行。最后要加强党内法规与国家法律的衔接。要注重党纪国法之间的协调，促进二者同频共振、同向发力，避免二者的矛盾与冲突，全面提高党内法规体系化建设的力度和水平。如此才能保证党内法规有效地落实。①

因此，要贯彻落实依规治党，必须形成一套严密的以党章为核心，由党的基本制度和各项具体制度构成的立体化、多层次、全方位的党内法规制度体系。

（三）着力提高党内法规制度的可行性

制度缺乏可操作性是制度执行难的最大瓶颈。党内法规可操作性越强，

---

① 谷鑫贺、王国柱：《增强党内法规执行力路径探析》，《行政与法》2018年第9期。

其执行效果就越好。当前,在党内法规建设中,确实存在部分党内法规落后过时的情况,已经不符合形势发展的需要,有些制度甚至严重缺乏可操作性,影响了制度的执行。要扭转此情况,一是要在细化程序、完善操作上下功夫。最好有"操作清单",以减少程序制定上的漏洞,使党内法规制度具有可操作性。二是要提升立法质量,提高党内法规制定水平。要注重党内法规制定中"立法"技术的使用,使制定出的党内法规具有现实针对性和具体可行性,使党内法规真正成为"活法",而不是应景的摆设。三是要增加党内法规的程序性规范。当前,党内的实体性制度规范已经制定了很多,而实际的程序性规范则较少,因此,提高党内法规执行力一定要补齐程序性规定的短板。程序性规范是执行实体性规范的有力保障和基础,程序性规范缺失,必然导致实体性规范受损。只有逐步解决"重实体性规定、轻程序性规定"的问题,才能促进党内法规的顺畅运行。

(四)党内法规的根本是权威性

俗话说,"人无信不立,法无威不严",党内法规如果没有权威,就会成为形式主义的牺牲品,实现不了它的实际价值。譬如党内法规得不到有效的贯彻执行,或是朝令夕改,则党的权威必然受损。提高法规制度的权威性,首先要靠严格、公正执法。其次要加强监督检查,保障法规的严肃性和完整性。三要加大对违规行为的惩处力度,做到令行禁止。四要靠提高各级立法和执法机关的权威性,当前主要是提高制定党内法规的权威性,提高各级党委和纪委部门监督检查的力度和可信度,提高党章贯彻落实的坚定性和严肃性。①

党的十八大以来,以习近平同志为核心的党中央铁腕治贪,雷厉风行,对腐败实行零容忍,取得了良好的制度效果。2012年年底,中央出台了改进工作作风、密切联系群众的八项规定,八项规定实施以来,各地各部门认真执行,使党风、政风、民风得到持续改善。以此为契机,党中央相继出台了一系列党内的纪律规范,条条法规犹如悬在广大党员干部头顶上的"达摩克

---

① 陈锦荣:《中国共产党党内法规制度效能研究》,中共中央党校2013年硕士论文。

利斯之剑",为将"权力关进制度的笼子"提供了必要的制度规范。①

二、人的层面：提高党内法规参与者的素质

党内法规本身的科学性、可操作性等固然重要，执行者的素质同样非常重要。再好的制度，如果执行主体能力素质差强人意，也不会在实践中得到很好的贯彻落实。可以说，党内法规执行参与者的素质直接决定着党内法规制度的实施程度与效果。因此，党内法规执行效果的好坏在一定程度上取决于执行参与者的基本素养。为此，我们应从执行主体、执行客体和民众三个层面着眼，从而进一步提高执行力。

（一）就执行主体而言

1. 要提高执行主体的制度意识

制度意识内植于党员干部内心的思想自觉，是指广大党员干部基于对党内法规的思想认同和心理敬畏的基础上，自觉地以制度为准绳和行为标准，并能够在实践中主动维护制度权威性的思想意识。可见，如果人们形成了执着坚定的制度意识，就会自觉与潜规则或是不良现象进行斗争。而要想有效培养人们的制度意识，就必须从以下几个方面着手。一要增强执行者的党规意识。不断对广大党员干部进行宣传、教育和培训，让他们理解认同党内法规，并在实践中积极践行。这是强化制度意识的基础。同时，学会运用法治思维和法治理念，杜绝头脑中的人治思维和惯性思维。二要提高制度的执行力，使人们提高对制度的信任度，乐于执行制度、利用制度解决问题，这是对制度意识的一种正向强化；增强执行者对党内法规执行意义的理解，深刻认识、落实党内法规对于全面从严治党的重大价值，进而升华为执行党内法规的内在动力。三是要对违反制度的行为不姑息、不纵容，实行零容忍态度，使人们对制度产生敬畏之心，从而守住底线。四是加强执行主体的自律和律他意识。一方面要"自律"。执行主体要严格自律，成为以身作则执

---

① 任中平、张露露：《制度、执行与环境：依规治党落实到位的过程分析》，《长白学刊》2016年第5期。

行制度的典范，充分发挥其在依规治党中的示范和引领作用，防止其成为制度和规矩的破坏者、规避者。在执行党内法规制度上，各级领导干部要带头遵规守纪。要求别人遵守的，自己首先遵守；要求别人不做的，自己首先不做。另一方面是"律他"。党员干部不仅要自律，而且要"律他"。各级领导干部不仅要发挥好执行好党内法规制度的主体责任，而且要形成一级抓一级、逐级传导压力、层层抓落实的示范效应。对执行不力的坚决追究主体责任，从而进一步形成尊崇法规、遵守法规、执行法规的良好氛围。

2. 提高领导干部带头执行制度的能力素质

"盖天下之事，不难于立法，而难于法之必行。"因此，提高制度执行力至关重要。而要提高党内法规执行力，自觉践行是关键，领导干部能力素质的提升更是关键中的关键。习近平总书记指出，"有了好的制度，如果不抓落实，只是写在纸上、贴在墙上、锁在抽屉里，制度就会成为稻草人、纸老虎。"因此，党内法规制度一经形成，党的各级组织和全体党员必须不折不扣地执行，不能搞特殊。在贯彻执行党内法规制度中，领导干部必须发挥表率和带头作用。实践中，我们深刻认识到，"上面严十分，下面严八分""上面松一分，下面松十分"。这就要求领导干部必须在执行制度中率先垂范，起到示范引领作用，因为榜样的力量是巨大的，有很强的示范带动效应。因此，提升执行力必须从领导干部这一关键少数抓起。这时，党员干部能力素质的提升就显得非常重要，因为这直接影响着党内法规的执行质量。

领导干部能力素质是干事创业的必备要素，是执行力提升的核心。一是提升掌控和驾驭全局的能力。是否具备掌控和驾驭全局的能力是对领导干部能力的基本考验，也是衡量其执行力强弱的根本标准。试想，如果一个领导干部不能有效地掌控和驾驭全局，执行力更是奢谈。对于党员干部来说，处于上传下达的中间环节，也是执行的关键环节，必须具备这种能力和素质。第一，要有大局意识。不能自行其是，搞独立王国、山头主义和地方保护主义，一定要确保中央政令畅通，同时也要做到令行禁止。第二，要有对大政方针和党内法规制度的基本领悟能力。各级领导干部作为党内法规制度的执行者，必须吃透制度，只有清楚地了解才能"吃透上情"，找准定位。第三，要有实践调查研究的能力。作为领导干部，一定要清楚了解和掌握本地区、本部门的情况，通过调研把握第一手材料，才能有的放矢，进行科学决策，进而有效地执行制度。因为掌控和驾驭全局的能力来自对形势和政策的正确分析，而正确的分析则来源于对事物的清楚把握。这就要求领导干部经常深入基层、掌握实情，这样在执行中才会有针对性。二是要提高依法决策的能力，这里提到的"法"，一方面指的是国家法律，另一方面指的是党内的制度规范，这是作决策的基本法治依据。三是提高化解矛盾的能力，特别是要按照制度规定抓好落实，提高解决复杂问题的能力。四是提升沟通协调能力。"为政之妙在于协调"。科学决策一旦做出，领导干部就要调动各方力量贯彻落实。从某种意义上来说，沟通决定落实的成败，不充分、不到位的沟通是导致执行不力的重要因素。①因此一定要本着"人尽其才、才尽其用"的原则，调动组织成员的积极性，推动制度的有效执行。五是培树团队协作精神。团结就是力量，团结出凝聚力，出生产力。一个团结向上的团队才有强大的执行力。试想，如果一个团队内部成员互相钩心斗角，互相扯皮，是不可能有效提升执行力的。况且，就领导干部而言，即使自身能力再强、素质再高，也不可能孤军奋战、单打独斗，只有靠团队协同合作，才能形成合力，大家心往一处想，劲往一处使，才有可能形成强大的执行力。六是要提高创新性执行的能力，既不越雷池半步，也不墨守成规、生搬硬套，而是要与时俱进、改革创新，提高抓落实和执行的本领。改革创新是动力之源，也是推动工作的重要抓手。当前，之所以有些好的路线、方针、政策没有被很好地执行，其中一个重要的瓶颈就是执行者思想僵化，缺乏创新能力。其实，领导干部的执行不是简单重复地复制上级命令，不是生搬硬套，而是一种智慧，一种积极的创造性劳动。在执行制度的过程中，执行者要不断发挥聪明才智，既不违反制度规定，又能解决存在的现实问题。同时，组织上对于那些在工作中有创新意识和精神的领导干部不要太过干涉，要让他

---

① 华阅：《靠制度提升执行力》，中国商业出版社2012年版，第89页。

们放开手脚，大胆地试、大胆地闯。对于改革成功者，我们要大张旗鼓地进行表扬，而对于改革失败者，我们也不要冷嘲热讽，只要是在制度框架内的创新尝试，即使失败了，也是发展中的必经阶段，我们要给予他们必要的宽容和理解，不能让改革者失望，"既流血又流泪"。要建立一定的试错容错机制，这不仅解决了想干事创业的人的后顾之忧，而且给其以施展才华的舞台。所以，我们要不断激励广大干部新时代要有新担当、新作为，激发他们的创新活力，从而不断提升执行效果。

3. 带头改进作风以提升执行力

良好的作风是干事创业、为民践诺的基本前提，是党内法规执行的关键和保证。改进工作作风不是空洞的口号，也不是走过场，应该将作风建设体现到工作的方方面面。领导干部改进作风，一定要知行合一，言行一致，不能搞双重标准；不能停留在口头上，关键要见行动。因为工作作风上的问题绝对不是小事，如果处理不好，就会失去民心，而民心是最大的政治。正如习近平总书记在河南考察时所言：我们党百年奋斗史就是为人民谋幸福的历史。人民就是江山。我们共产党打江山、守江山，都是为了人民幸福，守的是人民的心。这段论述是对政党执政规律的科学总结和鲜明体察，值得每个人深思。而要改进工作作风，密切党群干群关系，提升执行力是重要方面。提升执行力，不仅能解决问题，而且还能让老百姓看见实实在在的效果，取得群众的信任和支持。

一要加强学习，夯牢严守规矩的思想基础。要带头学习制度。当前，各级党委对学习党的路线、方针、政策和理论非常重视，但对党内法规制度的学习则关注不够。党内法规是对我们党革命、建设和改革经验教训的总结、提炼和升华，是规范化、条理化的制度。制度体现政治性，彰显阶级性，是党的指导思想、原则立场和治党治国规律的反映，因此必须深入学习，准确把握制度的精神实质和核心要义。要通过党员干部自学、集中教育培训等多种形式，真正领会制度精神的实质，自觉做遵守党内法规制度的践行者。二要把党的纪律教育寓于党性修养之中。纪律修养本身就是党性修养的重要组成部分，要在党性修养和党性教育中不断提升对执行党规党纪的忠诚度。党内制度规范是党的思想和意志的体现，是我们党制定的路线、方针、政策得以真正贯彻落实的具体路线图。我们要自觉执行党内法规，因为制度执行的自觉程度以及执行力的高低，直接反映了党员干部对党的事业的忠诚度。事实表明，只要有对党和人民事业的无限忠诚，制度执行便不在话下。所以，必须对党员干部进行思想教育和政治引领，抓好理论武装，尤其要用习近平新时代中国特色社会主义思想指导实践，认真研究解决当前少数党员干部信仰缺失、政治忠诚差等方面的问题，引导他们进一步坚定理想信念，坚定道路自信、理论自信、制度自信和文化自信，不断提升其对党的忠诚度，并将其作为提高制度执行力的关键，切实增强责任感和自觉性。三要在深化核心价值观培育中强化责任感。24字社会主义核心价值观高度凝练，字字千钧，是对古今中外治国理政经验和规律的科学阐释，需要我们不断内化于心，进而外化于行。而法治作为核心价值观中的重要方面，对于整个国家、社会和政党治理举足轻重，是一个社会得以有序运行的根本保障。而要促进法治社会和法治国家的发展，中国共产党作为执政党，应该作出表率。党内法规执行力提升就显得非常重要。而要提升执行力，提升执行主体的事业心和责任感是关键。因为强烈的事业心和责任感是内在的主观能动力，是内因，也是提升执行力的内在动力。而事业心和责任感源自对整个世界的深刻体察，来自对人生的深刻体悟，来自对价值观的深刻理解和准确把握。落实到实际中，就是如何正确看待名利的问题。尤其是个人利益与国家和集体利益发生冲突的时候，如何把个人的价值追求、利益诉求放到党和人民的事业发展的全局中去考量。要教育引导大家摆脱个人利益和小我利益的束缚，以强烈的事业心和责任感以及对党和人民事业的无限忠诚、高度热爱，认真负责地抓好各项制度的落实。四要在加强宣传教育中强化纪律性。对于党员干部来说，贯彻执行党内法规不仅是政治纪律，也是组织纪律，是对党员干部的基本要求，也是我们必须履行的基本义务。因此，必须从全局出发，从大局考量，立足当前，着眼长远，从讲政治、守纪律的高度来认识和执行党内法规的重要意义，不断提高政治执行力，而不是任性妄为，不去执行，甚至胡乱执行。

所以,当前最重要的任务是做好宣贯,搞好党纪党规的学习和教育,在全党和全社会广泛开展学党章、学法规、尊国法的活动,营造良好的法制环境和氛围,引导广大党员干部牢固树立制度意识,养成执行制度的良好习惯,把制度真正转化为内心坚定的信仰,同时转化为执规的自觉行动,努力在全社会营造执行制度的良好氛围。

(二)从执行客体来看

现行党内法规数量众多,仅十八大以来,我们党就制定完善了几十部党内法规,而且党内法规不管是从内容结构来看,还是从体系建构而言,都更加丰富、完备,或者说更为复杂。这些都给党员干部了解和掌握党内法规增加了难度。因此,在执行规定前,一定要让广大参与者,尤其是执行客体对党内法规的相关情况有清楚的了解,特别是对执行过程有基本的认知,才能使他们在执行中更好地遵规守纪。执行过程是党组织和每个党员按照党内法规规范自身活动和行为的过程,因此,执行党内法规的前提,是让广大党员对制度产生认同感和敬畏感,树立遵规守纪的意识,养成良好的制度执行习惯。而要达此目标,就需要加强党内法规的宣传力度。宣传教育是生命线,是提高认识的前提。宣传工作是营造良好氛围的基础,是做好一切工作的基本保障。要让全体党员及时准确地了解各个党内法规的主要内容和精神,深刻认识党内法规在党和国家政治生活中的重要地位、所起的重要作用,并认识到遵守党内法规是应尽的义务和责任,将其内化于心,外化于行,真正使其成为我们工作生活的基本遵循。①

扩大对党内法规的宣教力度,应该采取灵活多样的、群众喜闻乐见的方式进行。比如可以通过微信、微博、融媒体、网络以及学习强国软件等进行推介,从而建立全方位的立体化宣传教育平台。只有不断加强对党内法规的宣传力度,全体党员才能更好地知规、懂规、悉规,才能为提高党内法规执行力奠定良好的基础。首先,要不断完善党内法规宣传机制,创新宣传方

---

① 殷啸虎:《中国共产党党内法规通论》,北京大学出版社2016年版,第267页。

式、丰富宣传内容、加大宣传力度，提升宣传效果。[①]在信息化高速发展的时代，对党内法规的宣传要充分运用多媒体和新技术手段创新传播方式，用大家喜闻乐见的方式将知识传递给受众，让他们易于接受、乐于接受，从而形成人人敬畏和严守制度的良好氛围，夯实制度执行力的思想基础。此外，还要做好相关党内法规的及时公开工作，不要搞得过于神秘，应该保密的要严守保密制度，合理制定密级，该解密的应及时解密，让更多的人清楚了解制度，才是提升执行力的重要前提。

（三）从民众参与的角度来看

民众参与是党内法规得以有效执行的重要一环，也是营造良好氛围的关键。试想，法规制定了，没有受众参与其中，制度也就失去了其存在的价值。要想扩大公众对党内法规制度的执行参与，需要做到以下几点：首先，通过塑造良好的制度知行文化，倡导民众积极参与其中，不断提高民众的参与意识，这是基础。要培育公民的主人翁责任感，将执行党内法规作为自己的应尽责任和义务，而不是负担。要注重培育民众的平等观念和自主意识，正确指引他们自觉参与到制度落实中去。营造积极的参与环境和氛围，帮助广大民众树立民主、平等、法治理念，去掉传统政治文化中的糟粕，营造良好的政治参与氛围，树立制度的权威性和严肃性。其次，通过开展专题讲座、集体讨论、集中研讨等形式有效提高公民的有序参与能力、科技文化水平，进而加深人们对制度的理解和认知。要充分利用各种传播媒介，比如网络、微信、抖音、微博等，开展党内法规知识的普及和宣讲，让民众了解学习《准则》《条例》等的重大意义，了解其精神实质，使党内法规制度家喻户晓。如此，公民既有落实的强烈意愿，又有落实制度的能力，这将大大提高支持力和协同力。第三，建立和完善公民参与制度。切实保障公民的知情权、参与权等各种权利，是公民参与党内法规制度执行的保障。应制定公民有序参与的制度规范，明确规定公民参与制度执行的内容、范围、方式方法、激励奖惩等，最好提升到法律的高度将制度固化下来。要建立相关的配套制度和措施，尤其是针对举报人会被打

[①] 殷啸虎：《中国共产党党内法规通论》，北京大学出版社2016年版，第267页。

击报复的现象,出台相应的制度约束,以确保公民参与权、人身财产安全得到保护。①

三、环境因素:营造良好的党内法规执行环境

"人创造环境,同样,环境也创造人。"②环境对人的一言一行有潜移默化的影响和熏陶作用,所以,营造一个正气十足的制度环境对党内法规执行过程来说至关重要。试想,如果制度执行环境恶劣,制度执行过程就会不畅,执行预期就难以实现,效果必然不好。因此,良好的党内法规执行环境对制度的有效执行起着促进作用。它对组织成员可以起到很好的激励作用,从而保障工作的有效落实。

当前,由于主客观因素的存在致使党内潜规则盛行,由于潜规则的存在,使党内法规制度的执行环境在一定程度上受到了污染。所以,净化党内环境就必须使显制度战胜"潜规则",坚决破除党内潜规则的滋生土壤,还党内法规制度执行环境以朗朗乾坤。同时,为了营造良好的党内环境,还必须培育和构建党内制度执行的理念文化,使党员干部将执行制度内化于心,转化成一种信仰和内心的行动自觉,主动而为,营造浓厚的执行氛围,进一步提高党的制度执行力。

(一)破除制度执行中的潜规则

利益驱使、潜规则在起作用、人情世故的干扰是党内法规在执行过程中受阻的重要因素。在这三方面的因素中,潜规则的存在对制度执行危害极大。由于潜规则的流行,导致执行主体受损、违反制度者受益。潜规则的存在除了体制原因外,还有一点就是它成为一种社会风气,获得了文化心理上的支持,并渗透到人们的日常生活中,影响着人们的价值观念和思维方式,也深刻影响着制度的执行。治理潜规则,提高制度的执行力离不开风清气正的执行生态环境。

---

① 梁静:《全面从严治党视角下党内法规制度执行力研究》,《人民法治》2017年第2期。

② 《马克思恩格斯文集》第一卷,人民出版社2009年版,第545页。

党内潜规则无视制度的存在，将党内法规架空，并且阻滞了党内法规执行力的提升，必须下大力气加以整治。而要破除党内潜规则，必须先确定其产生的缘由，包括规则的缺失或失效、权力异化和权力寻租、党内制度意识的淡薄。正如2014年5月9日习近平总书记在参加河南省兰考县委常委班子专题民主生活会时发表的讲话中所指出的那样："破除潜规则，根本之策是强化明规则，以正压邪、让潜规则在党内以及社会上失去土壤、失去通道、失去市场。全党上下，任何一级组织、任何一名党员和干部都要严格遵守党的组织制度和党的法规纪律，对党忠诚，光明磊落，公道正派。"同时他还强调："立明规则，破潜规则，必须在党内形成弘扬正气的大气候。大气候不形成，小气候自然就会成气候。"[①]当前要使明规则战胜潜规则，就要从完备党的制度、规范权力运行着手。

首先，要完善党内法规制度，从根本上铲除潜规则滋生的土壤。众所周知，在党内政治生活中，人们之间的行为靠一定的规则加以维系。而不管是明制度还是潜规则，实质上都是人们进行互动的一些规则，所以在没有制度规定或是制度不起作用的地方，就必然产生潜规则。从这个角度上说，明制度和潜规则此消彼长，所以要使潜规则无处遁藏，最根本的办法就是不断地完善相关制度，且加以有效执行，这样就能有效抵御潜规则，最终把潜规则彻底地清除出去。其次，将权力关进制度的笼子。有效规范权力运行，就是"依法设定权力、规范权力、制约权力、监督权力"。这是从根本上阻断潜规则的有效途径。试想，"如果法治的堤坝被冲破了，权力的滥用就会像洪水一样成灾。"[②]而潜规则之所以能够运转并产生作用，关键就在于权力不受制约、暗箱操作。所以规范权力运行，就必须给权力涂上防腐剂、戴上"紧箍咒"，"要增强制度执行力，制度执行到人到事，做到用制度管权、

[①] 中共中央纪律检查委员会、中共中央文献研究室：《习近平关于严明党的纪律和规矩论述摘编》，中央文献出版社、中国方正出版社2016年版，第54页。

[②] 2015年2月2日习近平同志在省部级主要领导干部学习贯彻党的十八届四中全会精神全面推进依法治国专题研讨班上的讲话。

管事、管人。"① 使权力运行公开化、透明化，这样就使能潜规则无所遁形。同时，"要完善党内权力运行和监督机制，实行权责对应，坚决反对特权，防止滥用职权。执政党对资源的支配权力很大，应该有一个权力清单，什么权能用，什么权不能用，什么是公权，什么是私权，要分开，不能公权私用。"② 此外，要防止权力的异化和寻租，还必须建立和完善反腐机制，坚持对腐败行为零容忍，对违规行为进行严惩，迫使潜规则销声匿迹。

（二）增强对党内法规的认同

制度认同是制度执行过程的要素。试想，如果一项制度不被人们接受且真正认同，那么它在执行中肯定会困难重重。因此，提高制度的执行力，就必须发自内心地接纳制度、认同制度。③ 制度认同是建立在对制度价值和执行观念认可基础上所体现出来的心理上的接受、行动上的支持和工作上的配合，是一种主观接纳、自觉践行，是提高党内法规执行力的重要前提和基础。

一是要强化制度权威意识。制度一旦形成，就要严格遵守，以维护其权威。要强化自觉执行制度的意识，将制度观念内化于心，始终牢记纪律红线，彻底抛弃封建的"人治"思想，形成人人敬畏制度、执行制度的良好舆论和执行氛围。自觉地按照制度办事，绝不含糊，不走形式，搞变通。树立平等意识，强化平等意识，不管任何人，只要违反了制度，就要受到应有的惩罚，从而扭转制度在执行过程中的潜规则的影响。

二是要发扬民主。广泛地征求意见和建议，让广大党员干部建言献策，群策群力，针对现实问题提出可行的制度设计。然而很多时候，我们做得还是差强人意。没有经过调研，也没有经过广泛地征求意见，就出台了相关制度。执行时阻力重重也就可想而知了。因此，今后我们在制定和出台相应党

---

① 习近平：《在党的群众路线教育实践活动总结大会上的讲话》（2014年10月8日），人民出版社2014年单行本，第18页。

② 2014年5月9日习近平同志在参加河南省兰考县委常委班子专题民主生活会上的讲话。

③ 李娣：《试析党的制度执行力问题》，《中共福建省委党校学报》2010年第4期。

内法规的时候，一定要充分发扬民主，征集民意，问民所需，解民之难。建立在群众路线基础上的制度才具有生命力。党内民主的健康发展是无产阶级政党制定正确的路线方针政策的前提和基础。正如毛泽东同志所说："没有民主，就不可能正确地总结经验。没有民主，意见不是从群众中来，就不可能制定出好的路线、方针、政策和办法。"①党内法规的制定也不例外。习近平总书记也强调："制定制度要广泛听取党员、干部意见，从而增加对制度的认同。"②

制度制定不能闭门造车，也不能隔靴搔痒，更不能涂脂抹粉搞形式主义，要真正能解决问题。要在充分调研、反复论证的基础上，针对现实中存在的突出问题制定相应的制度。同时也要广泛征求党员干部的意见和建议，将他们的合理化建议融入制度制定中来，这样可以增强党员干部对制度的认同感。千万不能搞形式主义，或是应付官差。党内法规的制定过程应向基层党员干部开放，不能搞神秘主义，以提高党内法规的民主性。而不是由上级党组织包办党内法规建设的全部工作，而基层党员干部只能执行，这既不符合党内民主的要求，也不符合现代法治对法规制定的要求。然而，就现实状况而言，党内法规制定过程中的民主参与不够，党员干部实际上不能有效参与党内法规的制定过程。③事实上，党内文件明文规定，要以落实党员的知情权、参与权、选举权、监督权为重点，进一步提高党员对党内事务的参与度，充分发挥党员在党内生活中的主体作用。按照这一要求，在党内法规制定过程中，理应建立基层党员干部的参与机制、党内法规制定过程的信息公开机制和民主表决机制，从而提高党内法规的民主性，产生广泛的制度认同基础。④

三是要强化制度公正。公平公正是民之所盼，众望所归。制度公正是制

---

① 《毛泽东文集》第8卷，人民出版社1999年版，第293页。

② 习近平：《在党的群众路线教育实践活动总结大会上的讲话》（2014年10月8日），人民出版社2014年单行本，第18页。

③ 王立峰：《从依法执政看党内法规建设》，《学习时报》2011年第5期。

④ 周叶中：《关于中国共产党党内法规建设的思考》，《法学论坛》2011年第4期。

度认同和制度执行的前提。一切社会制度若要赢得认可，得到支持，必须拥有行使社会权威的正当性。也就是说，只有制度具有公正性，才能够得到人们的普遍认同，进而服从。当前，我们现存的制度中，仍不可避免地存在着有违社会公平正义原则的规定，成为社会不公的制度之源。解决这个问题，就要秉承公平正义理念，对现有制度进行修正完善，使制度真正成为公平正义的化身和维护者。要坚持制度面前人人平等，不留"暗门"、不开"天窗"，坚决纠正有令不行、有禁不止的行为，使制度成为硬约束。①

四是要认真查处违反制度的行为，培树人们对制度的信仰。违反制度的行为是对制度权威的亵渎、蔑视和挑战，是对制度的最大伤害。目前，一些制度落实不到位，没有被很好执行，很大程度上是违规行为没有及时受到惩处，让破坏制度者受益，让遵规守纪者吃亏或是受委屈。严肃坚决惩处违反制度的行为，要强化制度对权力的硬约束，这是提高制度执行力的重要保障，也是必须采取的根本措施。习近平总书记强调："要坚持执行制度没有例外，对违反制度规定踩'红线'、闯'雷区'的，要零容忍，发现一起就坚决查处一起。"②决不能姑息纵容，也不能放纵，更不能大而化小、小而化了。不留"暗门"，以免形成"破窗效应"，造成恶劣影响。要"使查处违纪违法问题制度化、经常化，使党员、干部心有所畏、言有所戒、行有所止。"③所以，那些对制度规定忽视、轻视、蔑视、无视或是置若罔闻、我行我素，随意搞变通、恶意规避等严重破坏制度的行为，要发现一起，查处一起，以形成震慑，杀一儆百。④

（三）大力营造党内法规执行文化

文化具有超强的影响力和驱动力，具有潜移默化、润物无声的功能。

---

① 《全面从严治党永远在路上》，国家行政学院出版社2016年版，第57页。
② 中共中央纪律检查委员会、中共中央文献研究室：《习近平关于严明党的纪律和规矩论述摘编》，中央文献出版社、中国方正出版社2016年版，第92页。
③ 2014年10月31日习近平同志在全军政治工作会议上的讲话。
④ 徐遥：《提高制度执行力需要着力解决的几个问题》，《红旗文稿》2010年第17期。

要想促进党内法规的有效执行和落实,也必须依靠文化的力量。文化具有春风化雨、润物无声的作用。而要充分彰显文化的价值,就必须将文化的效用和价值发挥到极致,从而为党内法规执行营造良好的氛围。通过营造制度执行文化,让党内法规成为大家的共同追求和价值共识,从而内化于心,外化于行,成为自觉遵守的行为规范,使制度执行成为一种自觉的意识和行为。一是建立一套科学地衡量和判断党内法规执行主体的具体标准,即"软"的约束机制。探索建立量化的考核指标,这样可以让执行主体有参照标准。二是运用文化手段进行宣传。通过各种各样的文化形式宣传党内法规,不断使其深入人心,成为每个人自觉的价值遵循。同时通过舆论宣传,让人们充分地认识到党内法规的重要性和内在价值,从而在全社会营造良好的执行氛围和"撸起袖子加油干"的良好风尚。三是要树立诚信文化。防止弄虚作假,推诿扯皮,要营造"有令必行、有禁必止"的制度执行文化,以诚信为本,做到言必信、行必果,不折不扣地抓好制度的落实,以突出党内法规的效力和权威,彰显制度的刚性之美。四是摒弃人治思想。封建人治思想在人们头脑中根深蒂固,如何彻底摒弃人治思想,树立法治思维,营造法制环境,至关重要。因此,我们要深入在全社会开展法制宣传教育,让法治理念深入人心。尤其是要提高领导干部运用法治思维和方法化解矛盾、解决问题的能力。任何问题都要在法律的思维和框架下解决,任何组织和个人都不得有超越宪法和法律的特权,绝不可以也绝不允许有"权大于法"或是"党大于法"的以言代法、徇私枉法的举动。我们要不断加强法治理念的宣传,努力营造健康和谐的法制环境,为制度执行打下良好基础。五是树立民众对制度的信心。进一步强化平等意识,任何人触碰了制度红线,都要受到应有的惩罚,从而强化老百姓对制度的信任和信心。[①]六是对在实践中忠诚执行制度的主体给予一定的物质奖励和精神表彰。树立先进典型,并大力褒奖,进行宣传,在全社会营造积极执行党内法规的浓厚氛围,从而吸引和鼓励更多人敬畏制度、尊崇制度,并有效地遵守制度,保障制度的贯彻落实。

---

① 黄东涛:《党要管党、从严治党视阈下党的制度执行力研究》,中共江苏省委党校2013年硕士论文。

四、合理配置党内法规执行资源

党内法规的运行不是孤立存在的,要依靠人、财、物、信息、政治、技术等资源多方面协调配合方能见效。科学、充分、有序地进行执行资源的相应配置,是党内法规得以顺利实施和有效执行的基本前提和保障。当前,由于党内法规制度执行资源还不能满足制度执行的需要,加大了制度执行的成本,需要认真面对和解决。执行资源的欠缺和不足在一定程度上限制和阻碍了党内法规的执行。因此,加大执行资源的投入势在必行,否则就会成为党内法规执行的瓶颈。此外,如果没有与硬资源、信息资源相配套的技术资源做支撑,党内法规的执行也将大打折扣。①因此,我们应该从以下几个方面着手:

(一)注重硬件资源的建设

党内法规执行不是执行主体的一厢情愿,光靠满腔热情是不行的,需要人、财、物等各种配套资源的大力支持和及时供应。这是党内法规有效执行的基本前提和条件保障。这是因为,一方面,由于制度执行不是孤立的,需要一定的财物资源作为后勤保障,以源源不断地对制度执行进行供给,从而进行有效的支撑,否则,制度执行就会成为奢谈或是化为泡影。但是财物资源的配置需要提前谋划和安排,同时也是在一定范围内进行的。如果不能有效供给,党内法规就会受到阻滞。因此,一定要合理配置财物资源,增强分配的公平性和协调性,在中共中央全面从严治党的号召下,要尽力加大对党规党纪和反腐败方面教育、培训、执纪、监督和贯彻落实的力度,不断加大经费和物质资源方面的投入,从而给制度执行注入源源不断的财力、物力支持,保障制度执行的可持续性。在资金方面,除了公共财政资金外,应该拓宽思路,拓宽融资的渠道,尽可能地利用各种有效的社会资源,调动各方面的积极性,采取灵活多样的方式,多渠道地筹措资金,以实现党内法规执行中财物资源的统筹规划、有序供应和充分供给。同时,本着物尽其用、财尽其力的原则,也要注意在执行党内法规过程中进一步严格相关程序规范,

---

① 谷鑫贺、王国柱:《增强党内法规执行力路径探析》,《行政与法》2018年第9期。

不要有政策漏洞。要有效控制经费开支，防止财物资源不当流失、挪作他用或是造成不必要的浪费，最大化开发和提高资源的利用率，切实做到节约资源，高效办事，提高制度执行效果。另一方面，除了财物资源，人还是起重要作用的，不可或缺。因为人力资源具有主观能动性，他们对事物和党内法规的理解认知能力和执行力直接关系到党内法规的有效执行。因此，应按照竞争择优机制，把社会中有觉悟、有能力、有担当的人选拔到党内法规执行队伍中来。正如中共中央组织部副部长姜信治所言：要按照"二十字"的好干部标准，将重品德、重才干、重担当、重实绩、重公认的干部选拔任用起来。好干部选出来了，只是第一步，还要对干部进行合理配置，只有科学配置，人尽其才，发挥优势，方能尽显其价值。所以，要进一步优化党内法规执行队伍的结构，切实提高执行力。

（二）软资源的同步建设

硬资源与软资源相辅相成，相互促进，缺一不可。在加强硬资源建设的基础上，软资源也应同步推进，从而实现执行资源的升级改造和结构优化，以保障党内法规执行效力的最大化。[①]一要优化配置信息资源。在信息爆炸的今天，及时方便地捕捉关键信息，有助于深入了解党内法规执行情况，深刻认识党内法规执行中存在的问题。决策部门和执行部门可以针对问题，改进执行党内法规的方式和方法，提高执行效用。为此，应建立有效的信息传播机制，加快电子政务建设，加强信息基础设施的建设，加大社会传播力度，尤其加强网站、微信、微博等对党内法规的宣传力度，大力提高信息资源的利用率，为各地方和各单位执行制度做好信息铺垫。二要加强政治资源建设。制度执行作为一项政治活动，需要一定的政治资源做保障，以促进其贯彻执行。因此，一定要对与党内法规执行相配套的政治资源进行优化配置，以便推进制度的有效落实。政治资源具有独特的优势，不仅能够集中力量、举全国之力办大事、急事、难事，也能够充分地发挥其政治动员功能，凝心

---

① 谷鑫贺、王国柱：《增强党内法规执行力路径探析》，《行政与法》2018年第9期。

聚力，干事创业。事实上，如果能够充分利用好政治资源，就可以进一步强化执行主体的事业心和责任感，激发他们的工作热情，促使执行客体主动参与到执行过程中，在整个过程中愿意服从执行主体的指挥，从而最终完成执行任务的功能。权威资源可以加强民众对党和政府的信任，比如，中央实行"八项规定"，上下一心，步调高度一致，迄今为止，取得了可喜的效果。十八大以来党中央强力反腐，腐败现象也得到了有效治理，老百姓有目共睹。这无疑提高了党和政府的公信力，人民对党和政府的满意度逐年攀升。这说明党风廉政建设是顺应民心民意的，必须坚定不移地抓下去。全面从严治党取得的卓著成效和重大成果让每个人都体会到了党内法规的刚性要求以及其严肃性、权威性，大家开始切实自觉主动地执行制度。但是，就当前来看，政治资源出现了一定程度的缺失，而且呈现出一些问题，值得进一步思考。"主要表现为执行权威削弱、形象受损、政治参与冷漠等；而利益驱使、文化障碍、制度滞后等是其产生的主要原因。"①当前，党内法规执行中的政治资源缺失应该引起关注，这在很大程度上影响了制度的实施，使制度权威受损。因此，必须防止政治资源流失，"加强利益整合、文化创新、制度变迁和政策调整是防止政治资源流失、提升政策执行力的重要机制选择。"

（三）引入现代技术资源

技术条件成熟、可操作性强、创新性高，能够为制度执行提供较好的技术手段的支撑。②将技术资源引入党内法规执行中，也是一种创新模式。其目的就是为了提高党内法规运行效率，即运用现代化的科技手段，进行党内法规的宣传教育或是培训，利用科技完善党内法规的制定程序，进一步丰富拓展制定方法。随着我们党的不断发展壮大，截止到2019年12月31日，中共党员总数已经有9191万，基层党组织460多万个，党内事务纷繁复杂，而且千头万绪，我们如何对这么大的党进行有效管理，制度不可或缺。应该通过制度来规范党内事务，并将其固定下来。现代科学的决策技术已经比较成熟，我

---

① 陆小成：《公共治理视域下政策执行力研究——以低碳产业政策为例》，中国经济出版社2017年版，第5页。

② 麻宝斌、段易含：《再论制度执行力》，《理论探讨》2013年第2期。

们所要做的就是运用现代信息技术对各种细则进行制度设计,进一步拓展执行空间。因为,随着多媒体技术和网络技术的推广和普及,我们党应不断探索以民众津津乐道和喜闻乐见的方式来管理政党、吸引民众。事实上,现代信息技术魅力无限,它的效果和作用要远远超出预期,我们在党内法规的制定设计方面应有充分的考虑和足够的准备。①

五、建立有效的党内法规执行机制

"制度是人们社会关系和社会行为的规范体系"②,机制则是保障制度得以落实的基本手段、方式和方法,是把制度贯彻落实到实践中的具体路径。因此,要保障党内法规的顺利实施,必须建立有效的执行机制,应从以下几个方面着手:

(一)建立健全党内法规执行的宣传教育机制

在党内法规执行过程中,制度执行之所以受到阻滞和羁绊,一部分是源于有的党员干部制度意识淡薄,缺乏执行制度的主动性和自觉性。如何解决这个问题呢?需要按照"知情意行"相统一的原则进行宣传教育机制构建,因为人们只有更好地知法,才能更好地信法、守法,宣教的过程也是一个逐渐内化的过程。

首先要抓好党内法规的宣传。党内法规的宣传教育要做好顶层设计、统筹规划,要提高政治站位,将其纳入依法治国的大格局中去全面考察,要采取灵活多样的形式开展宣传教育,大力营造执行制度的浓厚氛围。同时,也要引导广大党员干部带头学习和执行制度,养成严格按制度办事的习惯,真正用制度规范自己的行为。其次,加大对党员干部党规党纪方面的教育培训。让党员干部定期学习党内法规,可以采用把专家请进来的方式,也可以采取走出去学习的模式,深入开展多样的党规教育教学活动,让党员干部学深学透。特别是

---

① 王振民、施新州:《中国共产党党内法规研究》,人民出版社2016年版,第81页。

② 薛引娥、高锋:《提高党的建设科学化水平理论与实践:省委党校论(上)》,太白文艺出版社2011年版,第183页。

"一把手"要带头学习党规党纪,做到知法、守法,并成为表率。

(二)完善制度执行的领导体制和工作程序

当前,制度执行不力除了与领导对此项工作不重视、制度宣传力度不够等原因有关外,还与领导体制和工作机制缺失或是不顺畅有关。因此,面对新情况、新问题,应从以下几方面做好工作:一是加强制度执行的统一组织、领导协调。各级党委、政府和纪检监察部门要切实加强制度执行的组织领导,先从思想上进行动员,统一思想、凝聚共识。因为思想是行动的先导,只有思想达成共识了,做到统一指挥、统一安排部署,步调才能高度一致,各项制度才能在实践中得到切实执行。如果各级领导机关互相扯皮,没有坚强的组织和领导,制度就会形同虚设,制度执行就会成为空话。二是建立明确的制度执行责任制。责任不明确,制度也会落实不力,执行主体就会推三阻四,或是推诿扯皮,推卸责任。因此,一定要落实清晰的责任制,明确责任主体。只有明确责任主体、责任形式以及追责程序,将责任落到实处,才能最终保障党内法规的有效性。[①] 应该制定"责任清单",让执行主体一目了然。同时,也要制定"负面清单",对于落实不力的或是存在过失的主体,不论是党组织还是个人都要严肃问责,以维护制度的权威性。三是要实现党内法规执行的领导体制的制度化。形成规范的长效化机制和具体的操作流程,对领导体制相关内容进行规范。通过以上措施的制定,加强对制度执行的组织领导,形成制度执行的强大组织合力和人员合力,从而提高党内法规执行力。

(三)建立健全监督检查机制

"徒善不足以为政,徒法不足以自行"。有效的监督检查是制度执行力的"防火墙",否则执行力就是奢谈。健全党内法规执行中的责任追究机制,严厉实行党内法规执行不力的追究,杜绝"有责无究""有责轻究"。领导干部要通过加强督促检查、强化责任追究、严格执行纪律等手段,切实

---

① 谷鑫贺、王国柱:《增强党内法规执行力路径探析》,《行政与法》2018年第9期。

推动党的制度的贯彻实施。

提高党内法规的执行力，监督检查是保障。首先，建立对党内法规执行情况监督检查的常态化机制。要把对党内法规执行情况的督查检查提到工作日程，并制定周密科学的督导方案，同时制定相应的考核标准、规范督导程序。具体而言就是制定检查方案、执行检查流程、下发检查通知。从相关部门抽调工作人员组成临时检查组对某项党内法规落实情况展开实地督查。此外，还要建立党内法规执行的监督检查人员库，而不是临时抽调人员参与监督检查，由于临时抽调人员多为对业务不熟悉的人，对所要检查的党内法规不熟悉，这种检查的效果不会很好，多数流于形式，从而使督查检查大打折扣。因此，应当将党内法规执行情况作为加强和规范党内监督、开展巡视巡察的重要内容，纳入巡视巡察反馈意见，并做好督促整改工作。

其次，加大党内法规的公开力度。知情权是参与权、监督权的基础。试想，党员干部如果连相关党内法规都不了解，何谈在实践中执行呢？因此，我们应该在认真执行《中国共产党党务公开条例》（试行）的基础上，适当地对《中国共产党党内法规制定条例》中规定的关于"党内法规经批准后一般应当公开发布"的内容进行相应范围的公开，这样既可以保障广大党员群众的知情权，又便于他们参与对法规制度执行情况的监督，防止法规制度"封闭运行"[1]。威廉·N·邓恩（William.N.Dunn）指出，"监控"能够在捕捉政策执行中面临的阻碍和限制的基础上，考察政策偏离原定目标的程度，并确定产生这种偏离的责任归属。[2]对权力进行监督可划分为"来自权力的监督"和"来自权利的监督"两种类型。对前者而言，主要是优化权力配置。因党内分工而产生的不同权力之间应相互制衡，防止一家独大，突破既有制度框架。就后者而言，在坚持维护中央权威的前提下，任何党员都有权通过正规渠道对党内事务提出不同意见，都可以"在党的会议上有根据地批

---

[1] 孙振鹏：《中国共产党党内法规制度执行力研究》，中共中央党校2017年硕士论文。

[2] ［美］威廉·N·邓恩著，谢明、杜子芳、伏燕、付涛、伍业峰译，谢明校：《公共政策分析导论（第二版）》中国人民大学出版社2002年版，第16页。

评党的任何组织和任何党员,揭露和纠正工作中存在的缺点和问题"①,且不得受到任何形式的打击和报复。发扬党内民主,要加强日常监督,充分发挥民主生活会、重要情况通报和报告、巡视、诫勉、谈话、函询质询、述职述廉、报告个人有关事项以及干部考察考核等党内监督的作用,全面掌握党的制度贯彻执行及党员领导干部遵纪守法的有关情况。

第三,强化党外监督力量。除了党内监督外,党外监督也不可小视。要建立起全天候的360度的监督网络,让监督无死角,不留盲区。要不断拓宽党外监督渠道,注重发挥人大代表、政协委员、人民群众、网络、新闻媒体及民主党派等方面的监督作用,整合社会各界的监督资源,并加强对微博、微信等分散监督力量的管理与整合。②从而形成强大的、无坚不摧的监督合力,保证制度在实践中更好地贯彻落实。但同时,我们也不应该将所有的注意力都集中于监督之上,更要警惕"监督万能论"。英国学者阿拉斯代尔·麦金太尔(Alasdair MacIntyre)认为:"即使一项制度非常科学,具有令人惊叹的严密性,但是一旦掌握权力之人自身品德低劣的话,也会使制度执行大打折扣,能否得到忠实执行也就成为未知数。"③所以,监督机制发挥效用的前提在于被监督者,即掌权人对制度的价值认同和尊崇,发自内心地接受并执行,否则监督效用只会锐减,导致以新监督机制弥补旧监督机制的缺陷,最终陷入"谁能成为监督者的监督者"的无限循环,导致形式主义,而无法解决现实层面的问题。党的十八大以来,依规治党需要与以德治党相结合的理念日益深入人心,可见党的领导者正是认识到并抓住了这一问题的核心。

(四)严肃制度执行责任追究机制

各级党委要把党的制度建设放在更加突出的位置,真正承担起应有之责

---

① 《中国共产党第十八届中央委员会第六次全体会议文件汇编》,人民出版社2016年版,第84页。

② 孙振鹏:《中国共产党党内法规制度执行力研究》,中共中央党校2017年硕士论文。

③ [英]麦金太尔著,龚群等译:《德性之后》,中国社会科学出版社1995年版。转引自江国华、韩玉亭:《法治反腐策略研究》,《理论探索》2014年第6期。

和领导责任，抓好党内制度的制定、审核、执行和沟通、协调、监督工作，形成各尽其职、各负其责、齐抓共管的良好局面。习近平总书记在党的十八届中央政治局第二十四次集体学习发表讲话时指出："有些法规制度为什么执行不了、落实不下去？就是因为责任不明确、奖惩不严格，违反了法规制度怎么惩罚无章可循。要明确责任主体，确保可执行、可监督、可检查、可问责。"[1]事实上，没有问责，责任就落实不下去；问责一个，警醒一片。如果干好干坏一个样，干与不干一个样，干多干少一个样，制度就会成为摆设，形不成应有的效力。责任追究就是保障党内法规有效执行和落实的重要保障，是提升制度权威的有力手段，也是使全面从严治党制度落地生根的具体体现。只有执行严格的责任追究，对违反制度的行为实行零容忍，不姑息、不纵容，才能还制度以公道，才能体现制度的刚性约束，也才能使制度执行者倍感压力，切实形成倒逼机制，增强贯彻执行制度的使命感和危机感，从而确保制度顺畅有效地落实和党内法规执行不力问题的解决。

2019年8月30日，中共中央政治局会议审议并通过了《中国共产党党内法规执行责任制规定（试行）》，文件不仅明确了责任追究主体，还对责任界限和认定办法、责任追究标准和程序等都作了具体的规定。严格责任追究要做到以下几点，一要明确追究主体。在制度设计过程中必须明确各方职责。文件规定，"在党中央集中统一领导下，建立健全党委统一领导、党委办公厅（室）统筹协调、主管部门牵头负责、相关单位协助配合、党的纪律检查机关严格监督的执规责任制，统分结合、各司其职、一级抓一级、层层抓落实。"这就为责任追究提供了基本遵循，指明了方向。地方各级党委对本地区党内法规执行工作负主体责任，党委（党组）对本单位（本系统）执行有关党内法规负主体责任，党委（党组）书记应当认真履行本地区、本单位党内法规执行第一责任人职责，分管党内法规工作的班子成员承担党内法规执行直接责任，其他班子成员按照"一岗双责"要求抓好分管领域党内法规执行工作。一定要落实到位。习近平总书记指出，有些法规制度之所以被束之

---

[1] 中共中央纪律检查委员会、中共中央文献研究室：《习近平关于严明党的纪律和规矩论述摘编》，中央文献出版社、中国方正出版社2016年版，第64页。

高阁,成为"稻草人",执行不下去,其中一个重要原因就是责任不明确,互相推诿扯皮,撇清关系。同时,对于违反制度者睁一只眼闭一只眼,搞姑息纵容,即使处罚也是无章可循,走走形式而已。为此,"在法规制度建设中,责任不明确、任务就不能很好地落实。应当明确划分责任主体,防止出现责任主体分散、职责交叉等问题。这是党内法规监督检查的前提"①。二要明确责任界限及认定方法。《中国共产党党内法规执行责任制规定(试行)》第十六条指出:党组织和党员领导干部有下列情形之一的,应当依规依纪追究责任,涉嫌违法犯罪的,按照有关法律规定处理。(一)不认真贯彻执行党中央关于党内法规执行的决策部署以及上级党组织有关决定的;(二)履行领导、统筹、牵头、配合、监督等执规责任不力;(三)执行党内法规打折扣、搞变通或者选择性执行;(四)本地区本单位在执规中出现重大问题或者造成严重后果;(五)其他应当追究责任的情形。②责任认定是责任追究的前提,责任认定是否科学合理,直接影响着责任追究的效果,所以,责任认定是责任追究中的最大难点。必须本着实事求是的原则,做到客观公正,严肃认真,认定方法科学有效,责任界限清晰明了。三要细化、量化责任追究标准。一般情况下,进行责任追究应当以纪律处分和组织处理为主,但从实际执行来看,追究方式略显单一,缺乏灵活性。因此应适当增加诫勉谈话、通报批评、书面检查等责任追究的形式。这样就能具体问题具体分析,根据情节轻重作出恰如其分的追究,避免处分过重,同时也避免流于形式。做到罚当其过,就能充分发挥责任追究的作用。四要明确责任追究的相关程序设计,使其规范化、科学化,并具有可操作性。按照干部管理权限,结合党内有关法规条例和制度化规定,应审慎地对责任问题的认定、审核、交办、执行等必要环节作出可操作性的程序化规定。

(五)加强党内法规执行的奖惩激励机制

制度的规范性等特征决定了党的制度颁布实施以后,制度执行者如果

---

① 杨云成:《提高党内法规制度的执行力》,《学习时报》2017年3月27日。
② 2019年8月30日,中共中央政治局会议审议并通过了《中共中央发布中国共产党党内法规执行责任制规定(试行)》。

严格执行，其言行特别是权力的使用必然会受到制约，而对于那些不执行制度的人而言，其利益必然受损。这样会使严格执行制度的人产生心理不平衡和"吃亏"感，进而产生心理落差，不利于制度的执行。特别是如果对于违反制度者不给予应有的惩戒，而是让其"逍遥法外"的话，不仅使认真执行制度的人心寒，还会造成"制度执行不执行一个样，反而有时执行了还受委屈"的感觉。久而久之，法规制度就成了"儿戏"。因此，一定要制定惩戒制度，对不执行制度者进行问责，还制度以权威。在这一点上，新加坡人民行动党执法严厉，给我们做出了榜样。新加坡人民行动党长期执政的一条基本经验就是执法必严。严格执行法律法规，不允许任何人有法外特权。李光耀执政期间从不向违法者宽容半步，即使是得力助手、亲朋好友也不能法外开恩。如新加坡前发展部长陈家彦、前环境发展部政务部长黄循文、职工总会主席彭由国案，特别是建国元老——国家发展部部长郑章远受贿案，当时引起极大轰动，最终以郑章远畏罪自杀而宣告结束。这些人里既有建国功臣，又有李光耀多年的私交。因为出现贪污受贿等违法行为，落得个撤职、外逃、自杀的可耻下场，可见新加坡惩治贪腐的力度是非常大的。[①]这些都说明新加坡不仅法律健全，而且极为严苛，执行力更是相当到位的，值得我们学习和借鉴。

当前，随着我们党党内法规体系的不断完善，全国各地在探索制度执行惩戒机制方面做了许多有益工作，积累了不少经验。比如，江苏省扬州市出台了《对反腐倡廉制度执行情况实行问责的意见》（以下简称《意见》）。此《意见》以制度的形式明确了反腐倡廉制度执行的问责主体和对象，如果哪方面制度没有执行，就会对相应人员进行问责，从而大大提高了制度的权威性。加强党内惩戒制度建设，让制度发挥效力，真正形成震慑。要明确规定受到党内违纪处分的主体层级，违纪行为的公开、认定程序，违纪制裁的制定、出台、公示程序。此外，对被处分人的申诉程序，举报人的保护制度等也要作出具体规定，只有这样，才能使惩戒制度起到教育约束作用。

---

① 操申斌：《国外政党党内法规制度建设的经验及启示》，《合肥师范学院学报》2014年第5期。

除了惩戒之外，还要对党员干部加以激励。要加强对党员干部尤其是身处困难艰苦地区和疫情防控、脱贫攻坚一线干部的关心关爱，体现人文关怀，真正落实干部带薪休假、津补贴、职务职级等待遇；要根据各地实际，建立村（社区）干部报酬动态增长机制，从而激发党员干部干事创业的积极性。同时，我们还要不断创造良好的执行氛围，继承和弘扬先进的执行文化，对执行有力的给予表扬，树立标杆，加强宣传，通过榜样的示范作用，吸引更多人去有效地执行制度。

（六）建立相应的容错纠错机制

2018年5月，中共中央办公厅颁布并下发了《关于进一步激励广大干部新时代新担当新作为的意见》（以下简称《意见》），对激励广大干部提高制度执行力、更好地担当作为提出了明确要求。《意见》分析了新时代党员干部干事创业中出现的新情况、新问题，明确了党员干部积极性、主动性发挥的制约因素，解决其瓶颈问题。《意见》中提出了明确具体的容错纠错机制，即给想干事、善作为的干部"松绑"，给他们施展才华的舞台，为他们加油鼓劲，鼓励他们在新时代更好地担当起党和人民赋予的重任。这是党中央第一次从战略高度、从制度层面作出的规定，为勇挑重任、开拓进取、勇立潮头、敢为人先、敢闯敢试的干部撑腰鼓劲。为此，我们应该做到：首先，要学习、理解和领会习近平总书记关于"三个区分开来"的重要论述，即"把干部在推进改革中因缺乏经验、先行先试出现的失误错误，同明知故犯的违纪违法行为区分开来；把尚无明确限制的探索性试验中的失误错误，同明令禁止后依然我行我素的违纪违法行为区分开来；把为推动发展的无意过失，同为谋取私利的违纪违法行为区分开来。"[①]对此，我们要深入理解、准确把握政策界限和精神实质。一定要坚持具体问题具体分析。不能搞一刀切，全部一棒子打死。不能让任何一个有责任、有担当的干部寒心失望。其次，容错纠错为干部担当作为撑腰鼓劲，让干部卸下思想包袱，重整旗鼓、打消顾虑、轻装上阵。要通过容错纠错机制的设立，真正为干部"松

---

① 《十八大以来廉政新规定》（2019年版），人民出版社2019年版，第171页。

绑"鼓劲、鼓励党员干部做"第一个吃螃蟹的人",只要不违反原则和制度规定,就应该大胆地试,大胆地闯。第三,要及时出台容错纠错实施细则。既要把握"严"的主基调,又要多激励关怀,按照习近平总书记所说的要善于做到"三个区分开来",具体问题具体分析,不能搞一刀切,也不能一棒子打死,要加大正向激励和引导,持续抓好并建立激励干部担当作为的具体措施,同时抓好落实。要精准审慎实施谈话函询和问责机制,及时出台容错纠错实施细则,明确容错减责的实施范围和具体情形,为实施容错纠错提供制度依据。规范实施问责的工作程序,及时纠正滥用问责、不当问责及以问责代替整改等问题。研究制定为受到诬告、错告干部澄清正名的意见。对近年来被问责和受处分干部情况进行全面了解梳理,积极稳妥使用影响期满、表现突出的干部。对干部的失误或是错误进行综合分析研判,对该容的大胆容,不该容的坚决不容,对于曾经出现失误的干部,要按照提出申请、调查核实、研究定性、结果反馈等工作程序,理顺容错纠错途径,要按照妥善把握、实事求是、依纪依法、容纠并举等原则,结合动机态度、客观条件、程序方法、性质程度、后果影响以及挽回损失等情况进行综合研判,作出客观公正合理的评价,并落实相关政策。切实做到为担当者担当、为干事者撑腰,为作为者鼓劲,避免担当作为的干部既流汗又流泪。

(七)建立科学规范的干部考核评价机制

干部考核评价机制是指挥棒,是风向标,制度制定到哪里,考核评价到哪里,干部就干到哪里。所以建立科学的考核评价机制,对于干部干事创业意义重大。2020年4月14日,中共中央办公厅印发《关于持续解决困扰基层的形式主义问题为决胜全面建成小康社会提供坚强作风保证的通知》明确规定,"进一步完善干部考核评价机制,以正确的用人导向引领干事创业导向,真正把政治过硬、善于贯彻新发展理念、制度执行力和治理能力强、'愿作为、能作为、善作为'的干部选拔出来。"因此,一定要探索建立科学的干部考核评价机制,这不仅为干部成长树立了正确导向,也为制度执行力的提升树立了"坐标"。

这些科学机制的创立，可以"使那些重实际、说实话、务实事、求实效的干部，不仅不吃亏，而且受到鼓励、褒奖、重用；使那些做表面文章、搞劳民伤财的'形象工程'和'政绩工程'跑官要官的干部，不仅捞不到好处，而且受到批评和惩处。"①从而进一步营造风清气正的良好政治生态。

---

① 中共中央纪律检查委员会、中共中央文献研究室：《习近平关于严明党的纪律和规矩论述摘编》，中央文献出版社、中国方正出版社2016年版，第52页。

第八章 结语与展望

党内法规完善成熟与否以及执行力状况如何，是检验全面从严治党效果的重要标准和依据，是党和国家事业得以顺利进行的基本制度保障，也是新时代新形势新任务下对各级党组织和广大党员干部提出的基本要求。因此，我们不仅要重视党内法规制定的科学性、规范性，更要重视党内法规的有效执行，因为"制度的生命力在于执行""一分部署，九分落实"。习近平总书记强调，制度执行力至关重要，是体现国家治理体系和治理能力现代化的重要因素，是影响我国社会主义制度优势能否充分发挥、党和国家事业能否顺利发展的关键环节。不断提高党内法规的执行力，不仅是理论之必然，也是实践之必需。所以，我们要坚持制度为先、执行为要，采取切实有效的措施提高党内法规执行力，充分发挥制度的权威和刚性约束，确保各项党内法规深深植根于各级党组织和广大党员干部的内心，并做到内化于心、外化于行。不断提高党内法规执行力，充分发挥制度的最大效能，彰显制度权威，形成治理成效，进而为党长期执政和国家长治久安提供坚实保障。同时，提高党内法规的执行力，也是新时代对于领导干部具有新担当、新作为的强烈呼唤。

中国特色社会主义已经进入了新时代，这就要求广大党员干部以党的科学理论为指导，加强党性修养，坚定理想信念，率先垂范、攻坚克难，创造性地开展工作，不断提高我们在新的复杂局面下应对各种风险和挑战的能力，以高度的政治使命感和强烈的责任担当意识，不断提升各项政策和制度的执行力，从而在推动科学发展中实现我们的伟大梦想。广大党员干部尤其是各级领导干部，更应该明确使命责任，不断培树执行观念，强化执行意识,进一步提高执行力,确保党中央各项决策部署落到实处。

提升党内法规执行力,要求广大党员干部增强责任感和使命感,培养担当精神,这是提升执行力的关键。首先,提高党内法规执行力,要真抓实干。执行中央的决策部署是一条铁律,决不能"有令不行、有禁不止",决不能"上有政策、下有对策",决不能在贯彻执行过程中打折扣、搞变通、做选择。凡是党中央的决策部署,各级领导干部务必做到有令必行、有禁必止、真抓实干、务求实效。提高党内法规执行力,要久久为功,不能急于求成,操之心切,必须求真务实、循序渐进。要有"水滴石穿"的持之以恒,也要有"愚公移山"的坚忍不拔,千万不要遇到困难就停歇止步、悲观气馁,一定要发扬钉钉子精神,一茬接着一茬上,一任接着一任干,一往无前,朝着预定目标不断奋进。广大干部要发扬时不我待的精神,始终保持高风亮节,淡泊名利、一心为民。把"十四五"规划和2035年远景目标所确定的重大决策和战略部署内化于心,紧紧抓在手上,一张蓝图绘到底,始终保持不达目的不罢休的韧劲和魄力。① 提高党内法规执行力,不是循规蹈矩的流水化作业,一定要大胆探索,勇于创新,寻求提升执行力的有效方法。要在与党中央保持一致的基础上,根据地方和部门实际情况,将党和国家大政方针真正地贯彻落实到实际工作中,创造性地把上级的决策部署转化为具体方案和措施,从而推动各项工作取得实效,促进党和国家事业的发展。

新时代机遇和挑战并存,梦想与希望同在,责任与担当并重,需要广大党员干部"不忘初心、牢记使命",继续撸起袖子加油干。新时代呼唤新担当、新作为,这就要求广大党员干部心有所畏、行有所止,力避"有令不行、有禁不止""为官不为"等种种行为,不断提高制度执行力,真正做到马不扬鞭自奋蹄,从而为实现中华民族伟大复兴中国梦贡献自己的绵薄之力。

---

① 《勇于担当是提升执行力的关键》,《酒泉日报》2018年11月14日。

附　录

关于党内法规执行力的调查问卷

您好，非常感谢参与我们的问卷调查工作。本次调查问卷采用匿名方式，不会对您有任何影响。请在您认为正确的选项上划√，单选、多选都可以。

A1您的性别：A.男　B.女

A2您受教育的程度：A.博士　B.硕士　C.本科

A3您的单位性质：A.党的机关　B.行政机关　C.国有企业　D.事业单位

A4您的年龄：A.51—60岁　B.41—50岁　C.31—40岁　D.21—30岁

A5您的政治面貌：A.中共党员　B.民主党派　C.群众

1. 您对党内法规的了解程度：

A.很熟悉

B.一般

C.不了解

2. 党章在党内法规制度体系中的地位：

A.党的根本大法

B.党内最权威

C.党内效力最高

3. 您认为当前我国党内法规的制定和出台是否科学：

A.科学

B.不太科学

C.不科学

4．您认为党内法规的操作性如何？

A.容易操作

B.不好操作

C.不了解

5．您认为当前党内法规执行的总体效果如何？

A.效果显著

B.一般

C.没有效果

6．你对本系统局处级领导干部贯彻执行党内法规制度现状的总体评价是：

A.满意

B.比较满意

C.一般

D.不满意

E.很不满意

7．您所在单位党委执行"集体领导、民主集中、个别酝酿、会议决定"十六字方针的实际情况是：

A.执行得好

B.执行得一般

C.执行得不好

D.没有执行

8．影响党内法规实施效力的因素是：

A.党内法规体系不科学

B.党内法规要调整和规范的问题太复杂

C.广大党员干部对党内法规了解掌握不够

D.领导干部权力过大不愿被约束

E.党内法规易受社会政治局势等因素影响

F.缺乏良好的法治传统

9. 导致党内法规存在问题的原因是：

A.立法缺乏总体规划

B.少数部门立法时广大党员参与不够

C.法规的听证和纠错机制欠缺

10. 党内法规对领导干部失效的主要原因是：

A.领导干部权力过大难以监督

B.领导干部抵触党内法规的制约

C.党内文化消极因素的影响

D.相关监督机构失责

11. 党内法规对普通党员失效的原因是：

A.基层党组织弱化

B.党内法规权威性不够

C.普通党员对党内法规的刻意规避

D.党内文化消极因素的影响

12. 党员队伍庞大如何影响党内法规构建党内合理秩序：

A.党员人数太多党员队伍庞大制约了党内法规对合理党内秩序的构建

B.党员行为的多样性

C.党员和党组织的利益趋于多元化

D.党内关系较为复杂

13. 你认为班子成员对本单位党政一把手不敢监督的原因是：

A.怕打击报复

B.怕影响个人升迁

C.认为监督不起作用

D.怕影响班子团结

E.碍于情面

14. 对领导干部行使权力的监督，您认为当前最薄弱的环节是：

A.上级监督

B.纪检部门监督

C.班子成员互相监督

D.群众监督

E.舆论监督

15. 所在单位多数群众的意见在干部考核任用中起作用的程度是：

A.起很大作用

B.有一点作用

C.不起作用

16. 所在单位在坚持个人分工负责制上存在的最主要问题是：

A.各守一摊

B.互相插手

C.互相拆台

17. 科学的党内法规制度的必备要素是：

A.于法周延

B.于事简便

C.追责清晰

D.与时俱进

18. 俗话说：观念决定思想，思想支配行为，行为决定结果。强化落实观念，是执行的前提条件，具体要做到：

A.不迟疑、不放弃

B.不打折、不走样

C.不为私、不妄为

D.领导干部在执行中要讲党性，增强大局意识

19. 执行机制是制度执行的有力保障，因此，有必要建立有效的党内法规制度执行机制。应从以下哪方面去做：

A.党规党法普及教育机制

B.监督检查机制

C.惩处追责机制

D.党内法规运行过程中的审查修正机制

20. 执行文化就是人们在对执行认知的基础上，形成的能促进执行并自觉执行的氛围。良好的执行文化会对组织成员起到激励、引导作用，那么如何提升执行文化呢？

　　A.树立以人为本的执行理念

　　B.培育核心价值观

　　C.塑造团队精神

　　D.领导干部个人能力强

21. 您认为在制度执行中还存在着哪些问题，如何进一步提高领导干部的执行力？

后 记

制度的生命力在于执行。习近平总书记多次强调，制度执行力已经成为影响社会主义制度优势充分发挥、党的事业发展的重要因素。事实上，我们制定的制度不可谓不多，但没有真正发挥效力，有的还形同虚设，成为"稻草人"，进而形成"破窗效应"。究其根源在于制度执行不力，致使制度功能无法得以彰显。因此，依规治党，关键还是要落到提升党内法规执行力上。这是新时代我们党亟待解决的问题，也是加强制度建设的重大战略任务。当前党内法规执行力无论是就理论研究，还是就实际执行来看，都存在不尽如人意的地方，直接影响了制度的效用和权威。因此，党内法规执行力问题在理论研究和实践运行中都成为制度建设的短板。所以，本课题的研究就显得尤为重要而且必要。本书就是在这样的形势和任务的倒逼下完成的，是我2020年主持的河北省社会科学基金项目"新时代提升党内法规执行力问题研究"（项目编号：HB20DD001）的研究成果。

该书出版得到了中共河北省委党校（河北行政学院）学术著作出版基金的资助。同时，本书的写作还参阅了有关专家学者的研究成果，不仅丰富了我的知识，而且拓展了我的视野。河北人民出版社为本书的出版做了大量工作，在此一并表示衷心的感谢。

提升党内法规执行力问题是一个非常复杂的时代命题，是一个理论与实践相互交织的问题，也是一个涉及方方面面的复杂系统。内容包罗万象，尤其是应用层面涉及许多深层次的问题。这对我来说是一个巨大的挑战，虽竭尽全力，但也诚惶诚恐。书中难免存在疏漏和不足，欢迎广大读者批评指正。

梁瑞英

2021年6月